国家社科基金重大项目 21&ZD184
"发挥第三次分配作用 促进慈善事业健康发展"
阶段性成果

共富梦想

社会企业的创新之旅

Pursuing Common
PROSPERITY
The Innovation Journey of Social Enterprise

苗 青 ◎著

浙江大学出版社
·杭州·

图书在版编目（CIP）数据

共富梦想：社会企业的创新之旅 / 苗青著.
杭州：浙江大学出版社，2024.6. -- ISBN 978-7-308
-25186-0

Ⅰ．F272.1

中国国家版本馆CIP数据核字第2024F9P686号

共富梦想：社会企业的创新之旅
GONGFU MENGXIANG: SHEHUI QIYE DE CHUANGXIN ZHI LÜ
苗　青　著

责任编辑	朱　玲
责任校对	傅宏梁
封面设计	春天书装
出版发行	浙江大学出版社
	（杭州市天目山路148号　邮政编码310007）
	（网址：http://www.zjupress.com）
排　　版	杭州林智广告有限公司
印　　刷	浙江新华印刷技术有限公司
开　　本	710mm×1000mm　1/16
印　　张	16
字　　数	230千
版 印 次	2024年6月第1版　2024年6月第1次印刷
书　　号	ISBN 978-7-308-25186-0
定　　价	68.00元

版权所有　侵权必究　　印装差错　负责调换

浙江大学出版社市场运营中心联系方式：0571-88925591；http://zjdxcbs.tmall.com

前　言

本书是《社会企业：链接商业与公益》的姊妹篇。时隔10年，我们试图对社会企业发展及其成长环境再进行观察。

回望这10年，社会企业的发展可以说是喜忧参半。

社会企业的运行远非我们想象得那么顺利。根据我们的样本，10年前发展较好、可以视为楷模的社会企业，10年后大约只有10%经营顺畅，其他大多停摆或消亡。这10年，大量的社会企业发展低于预期，是有其原因的。其一是长达三年多的新冠疫情影响，大量社会企业因为无法获得足够的经营流量而偃旗息鼓。其二是中国经济下行压力过大带来的消费降级，原本发展得非常好的互联网企业和房地产企业都面临洗牌，更不用说基础孱弱的社会企业了。其三是地方政府对社会企业并未如学者预见的那样给予源源不断的扶持。原本预期能够给社会组织更多公益创投或者场地空间来促其转型成为社会企业的构想并未落地。其四是社会企业家或家底单薄或能力不足，尚未展现出强大的韧性，相反因生计所迫，纷纷离开这个行业或者搁置使命，当然也可以理解为是另一种顺势而为。

不过新气象仍然存在。

一是遵循企业社会责任的商业企业屹立不倒，ESG（environmental, social and governance，环境、社会和公司治理）蔚然成风。负责任的商业仍然是受人尊重的，比如善待员工和尊重消费者的胖东来，正在诠释社会责任是一门好生意的商业逻辑。不少商业企业成立企业基金会,比如九阳公益基金会推出的公益厨房项目,在欠发达地区青少年健康成长这篇文章上持续发力。

二是有科技创新能力的社会企业正在跃跃欲试。科技助残产品、科技助农产品、科技生态产品层出不穷,尽管创业者自身可能未必知晓"社会企业"一词,但是他们的产品和服务高效地帮助弱势群体,让经济社会发展的红利惠及更多的人群。我十分看好这一赛道上的社会企业。

展望未来,社会企业应该牢牢把握两个历史性机遇。一是国家治理体系与治理能力现代化呼唤社会企业担当重任。基层社会治理需要社会企业链接资源,为社区基金会注资、为社区治理激活增能。二是共同富裕和第三次分配呼唤社会企业乘势而上。社会企业本质上是面向弱势群体和普通公众提供普惠服务。共同富裕这一伟大事业的航船,理应有社会企业划桨出力。养老、托育、零工就业等板块的社会企业在未来10年有望脱颖而出。

眼前的一切,不禁让我想起10年前。

2012年我赴美国麻省理工学院进修,其间被波士顿地区风风火火的社会企业热潮所感染。校园内外,年轻人的谈论话题除了创业,还是创业。如果说创业中还能增加一点公益元素的话,比如帮助一批穷人、节约一度电能,那么你就会被众人刮目相看。社会企业,一种造福公众的私营组织,简单得无法再简单的定义,深深地吸引了我。

2012年莱梅尔逊奖(Lemelson-MIT)获得者,加州大学伯克利分校工程学教授加吉尔的演讲令我记忆犹新。他带着研究团队为欠发达地区居住环境破败、生活条件拮据的家庭妇女设计了一种极其便捷的开水炉。借助一点火源,就地取材就能让这个炉子的温度快速上升到水的沸点。一个铁炉子解决了十多万人的饮用水问题,从此让他们远离恶性流行病。正如他所言:"如果我的知识技术可以帮助那些需要帮助的人,那么我将感受到无穷的快乐。"空碗(empty bowl)是一对美国退休夫妇的最佳实践。一个活动空间,一群邻里好友聚集起来,一家带一个

前言

菜,一张10元钱的门票,聚餐之后领取一只风格多样的陶艺碗作为纪念。寓意简单明了——这只空碗时刻都会提醒你关心身边那些还在挨饿的同胞。简单活动,不简单的意义,美国东部地区不同城市都开始自发地响应,互联网让活动推广变得更具感染力,不久门票费就超预期,筹款成功。

橙色行动,求是园中社企青年精彩纷呈。任何一个海外归来的华夏儿女,都有一种改变现状的冲劲,我也不例外。中国是社会企业的最佳实验室,这里有一批心怀梦想、勇于担当的热血青年。我,决定要做些什么。

身穿橙色T恤"进取的Archer"毫无疑问是校园中最出色的社会创业团队。他们设计了一个拼车系统——只需提前一天发出航班短信,智能匹配后会将3～4名同学组队,一同搭乘出租车前往机场,效率高、费用低,上车前为失学孩童捐上一点爱心款。这是一个多赢的商业逻辑! 相对于动辄100多元的机场交通费来说,这绝对是极其划算的交易——司机有了好订单、同学有了好交通。当然,更大意义上——资源有了好配置、社会有了好善款……展示团队赢得了好掌声!这一幕出现在2013年7月中旬浙江大学社会企业家夏令营颁奖典礼上,共同见证的还有时任浙江大学党委宣传部副部长单泠老师和拥有"浙商教父"美称的浙江商业职业技术学院创业园主任何伏林教授。

"进取的Archer"只是10支社会企业家团队中的一员,他们是我回国不到半年后的第一批教育成果。我利用暑假短学期机会,从策划、培训到考核,组织了一次别开生面的社会企业家夏令营。每人日均30元的生活补贴,每个团队500元的活动经费。看哪个团队能够"钱生钱"最多,扣除生活成本,全部团队利润都将作为捐赠款。任务极具挑战! 学生们不仅要学会设计产品或服务,还需要说服顾客来购买。酷暑之下,对于需要在户外开展市场分析,甚至采购、发货的学生来说都是艰巨的考验。当同学们把6400多元的善款集聚在一起时,我意识到社会企业

"可学可教",为什么不让更多的人参与进来？我萌发了写一部有关社会企业的图书的想法。

黄金时代,社会保障体系大有可为之处。作为一名学术研究工作者,理性思考和专业研究让我逐渐感知到社会企业应当也必将成为中国社会保障体系的一股重要力量。中国的社会保障体系长期以来以社会保险制度设计为主,从关注面上来看,更多的是自上而下的保险政策制度安排,比如医疗保险、失业保险、生育保险等。这些问题因为关系最基本的民生,有专门法律保障。但是,越来越多的证据表明,中国还需要自下而上的力量共同健全社会保障体系,社会互助不可或缺。

不知不觉中国进入了老龄化社会。在公办养老院极其短缺的今天,如何吸收社会力量来"共办",而不是单纯的"公办"是一个大难题。如果用社会企业思维来审视,养老问题可能是一个大有可为、塑造社会影响力的领域。社会企业家看中的不是行业的利润率,而是一个塑造公众利益的事业、一个能够流畅运转的组织形态。

举一反三,低保户、残障人士、失学儿童等一切弱势群体的管理,都可以参照社会企业运作模式。我很欣喜地看到类似于"恩派"这样的社会企业孵化组织正在中国顽强地成长,有那么一批草根式的社会企业在总体宏观扶持环境并不太理想的情况下冒出新芽。这里我强烈呼吁民政部门与社会保障部门一起携手,共同哺育更多的社会企业,让中国的社会保障事业更加绚丽多彩。

绿洲一片,值得长期投身的新兴研究领域。社会企业的研究与其实践一样,年轻而有活力。西方社会因为实践先于中国,所以研究也更加成熟、更有体系。最突出者是商学院的教师,牛津大学赛德商学院是杰出代表,其集教学和科研为一体的社会创业研究中心被全球公认,年度斯科尔社会创业论坛已然成为这个领域的奥斯卡庆典。社会创业学刊(*Journal of Social Entrepreneurship*)也由该机构发起和承办。类似地,哥伦比亚大学商学院和斯坦福大学集聚了一批专家学者,美国最早推出了以社会创业为方向的MBA学位教育,开展了长达数年的社会企业动态研究。

不仅如此,还有一股更为资深的力量——来自社会组织领域的学者活跃在社会企业学术阵营。随着近年来非营利组织如何维持自身可持续发展的话题的不断深化,社会企业被视为一条非营利组织二次创业的康庄大道。该领域SSCI检索的期刊有 Nonprofit Management and Leadership、Nonprofit and Voluntary Sector Quarterly, VOLUNTAS: International Journal of Voluntary and Nonprofit Organizations 等,关注社会企业的文章越来越多。此外,政治学、社会学和人类学等领域的学者也都以强大的热情和特有的研究方法开展社会企业研究。

青出于蓝,超越想象不可低估的创新力量。本书写作期间我和我的团队常有学术交锋,我们曾就社会企业的定义和社会企业在中国到底是否存在等基础问题开展过长时间的辩论。我的主张比较开放,社会企业应当看本质,doing business for the good(以商行善)是我的一贯定义,而其他几位则显得更为严谨,非得弄得清清楚楚。各种争论在几轮调研后尘埃落定——社会企业就在我们身边,定义的松与紧已不再重要。

"80后"的忻皓是浙江大学的毕业生,2000年他全职办起了"绿色浙江",如今已是浙江家喻户晓的环保明星,"五水共治"中总有他的身影。他的创新举措实足是一名社会企业家——启动杭城第一家慈善超市;联手地毯厂建立了废旧衣物回收和再利用的产业链;创办社会企业培训班;等等。

悄然兴起的社会企业,继承了老一辈NGO(non-governmental organization,非政府组织)组织的热血和公益,更突显创业创新的基因,从创办第一天起就注定了他们将超越过去,本书无疑见证了他们的成长。我们的案例很多取自与社会企业家的交流,每一次沟通都畅快淋漓,相见恨晚。

紫气东来,更多包容迎接社会企业大繁荣。社会企业的繁荣不应该是西方独有。"小额贷款之父"诺贝尔和平奖获得者穆罕默德·尤努斯（Muhammad Yunus）到中国访问之后，断言中国是社会企业的大舞台。我坚信不疑。

我相信随着越来越多的"首富"致力于成为"首善"，公共利益重于经济利益的积极氛围也将快速形成，以解决社会问题为使命的社会企业一定会在这股大潮中越来越多。

越来越多的地方政府意识到当"甲方"也挺美。当下最时髦的公共管理措辞中，"政府购买""权力清单""社会组织"都名列其中。其背后映射出的道理是政府不再大包大揽，而是把社会治理还给社会，从"有为政府"转型到"有所不为政府"，效率更高、专业程度更强，岂不更好？这就需要越来越多的NGO组织（当然也包括社会企业）涌现出来，以最饱满的姿态来竞当"乙方"。获得政府订单的社会企业，在社会治理过程中会更有自信和活力，这就是政府采购"四两拨千斤"的社会意义。

越来越多的年轻化、高知化和正规化的志愿者正在涌现。中国历来不缺志愿者，但也从未有像今天这样如此优秀的志愿者队伍。他们中间既有富豪，更有"00后"高才生。志愿者是社会企业家的原生态。曾有西方学者做过测算，每1000名志愿者中就会涌现出2名社会企业家。中国志愿者数量的增长和质量的提升是不是也预示着什么？值得一提的是，我的孩子从7岁开始，在我的带领下保持一周一个半天的公益实践。我期待着能够用这样的行动感染他，培育他成为中国新一代的社会企业家。

赤橙黄绿青蓝紫，眼前的彩虹愿与读者分享。

让我们透过此书，一起感受社会企业家的苦与乐、分析社会企业的难与易、见证社会企业的成与败、开启社会企业的知与行。

苗 青

2024年3月

目 录

第1章 社会企业的前世今生与生态系统 ·········· 1
    1.1 社会企业溯源 ·········· 1
    1.2 社会企业生态 ·········· 4
    1.3 社会企业类型学 ·········· 6

第2章 社会企业的社会使命与经济手段 ·········· 11
    2.1 认识双重底线 ·········· 11
    2.2 摒弃单一使命 ·········· 21
    2.3 明确使命原则 ·········· 23
    案例2.1 百特教育 ·········· 26
    案例2.2 黑乐文化 ·········· 28

第3章 社会企业的千姿百态与殊途同归 ·········· 32
    3.1 社会企业组织形式与分类 ·········· 32
    3.2 社会企业法律形式 ·········· 35
    3.3 社会企业新兴法律形式 ·········· 38
    3.4 未来社会企业形式 ·········· 44
    案例3.1 青芽运动 ·········· 47
    案例3.2 青聪泉 ·········· 48

第4章 社会企业的战略规划与应对变化 ·········· 51
    4.1 社会企业战略规划 ·········· 52

4.2　社会企业应对变化 ·· 71
　　案例 4.1　倾音 ·· 74
　　案例 4.2　雅恩健康 ·· 76

第5章　社会企业的取之有道与用之有方 ························ 79
　　5.1　社会企业融资与成本 ·· 79
　　5.2　社会企业财务工具 ·· 85
　　5.3　社会企业财务秘诀 ·· 90
　　案例 5.1　雷励青年 ·· 93
　　案例 5.2　一米之家 ·· 97

第6章　社会企业的卓越领导与高效团队 ···················· 100
　　6.1　社会企业领导与董事会 ·· 100
　　6.2　社会企业人力资源管理 ·· 104
　　6.3　社会企业团队 ·· 112
　　案例 6.1　残友集团 ·· 113
　　案例 6.2　惠泽人公益 ·· 115

第7章　社会企业的顾客至上与使命传递 ···················· 118
　　7.1　公益营销困境 ·· 118
　　7.2　社会企业营销组合策略 ·· 120
　　7.3　社会关系营销 ·· 124
　　7.4　社会营销 ·· 128
　　案例 7.1　银巢养老 ·· 134
　　案例 7.2　恒星乐乐 ·· 136

第8章　社会企业的创新思路与精益实践 ···················· 139
　　8.1　社会企业创新管理 ·· 139
　　8.2　精益化运营创新 ·· 142

目录

    8.3 社会化营销创新 ········· 150

    案例8.1 绿色浙江 ············· 152

    案例8.2 工友之家 ············· 154

第9章 社会企业的有形绩效与无形价值 ········· 158

    9.1 社会企业绩效评估困境 ········ 158

    9.2 社会企业绩效管理 ········· 161

    9.3 构建社会企业绩效评估模式 ······ 165

    案例9.1 虎哥回收 ············· 171

    案例9.2 自然大学 ············· 172

第10章 社会企业的成长动力与理性扩张 ········· 176

    10.1 社会企业成长动力 ········ 176

    10.2 社会企业成长之策 ········ 178

    10.3 社会企业扩张评估 ········ 180

    10.4 社会企业成长扩张 ········ 183

    案例10.1 无障碍艺途 ············ 190

    案例10.2 老爸评测 ············ 193

第11章 社会企业的大展宏图与小步迭代 ········· 196

    11.1 社会企业十大领域 ········ 196

    11.2 社会企业十个常见错误 ······· 200

    11.3 社会企业发展建议 ········ 203

    案例11.1 Shokay ············· 211

    案例11.2 鹤童 ··············· 213

附 录 ·························· 216

参考文献 ······················· 229

图目录

图 1.1 三个部门的组织结构 ……………………………………2
图 1.2 社会企业的生态 ……………………………………………4
图 1.3 受益群体与社会企业的四种关系形态 …………………6
图 2.1 商业活动与社会使命的关系 ………………………………13
图 2.2 嵌入式社会企业 ……………………………………………14
图 2.3 整合式社会企业 ……………………………………………14
图 2.4 外部式社会企业 ……………………………………………15
图 2.5 创业支持模式 ………………………………………………16
图 2.6 市场中介模式 ………………………………………………17
图 2.7 就业模式 ……………………………………………………17
图 2.8 有偿服务模式 ………………………………………………18
图 2.9 服务补贴模式 ………………………………………………19
图 2.10 市场联动模式 ……………………………………………20
图 2.11 组织支持模式 ……………………………………………21
图 2.12 就业模式与组织支持模式结合的混合模式 …………21
图 3.1 青聪泉的组织结构 ………………………………………49
图 5.1 社会企业的融资结构 ……………………………………80
图 5.2 社会回报和经济回报的平衡 ……………………………81
图 5.3 社会企业的融资手段 ……………………………………82
图 5.4 社会企业的退出机制 ……………………………………83
图 6.1 受益人群能力建设投资 …………………………………110

图7.1　不同层次的分销渠道 ·· 123
图7.2　社会营销的特殊性 ·· 129
图7.3　社会营销的道德准则 ·· 131
图7.4　社会营销的道德清单 ·· 131
图7.5　社会道德的传递原则 ·· 132
图9.1　绩效评估循环系统 ·· 164
图9.2　绩效评估的五步骤法 ·· 166
图9.3　社会企业绩效评估立体模式 ·· 168
图9.4　平衡计分卡的原理 ·· 169
图9.5　自然大学的运营模式 ·· 173
图10.1　WABC的组织结构 ·· 192

表目录

表2.1　社会企业指导原则要素 ……………………………………24
表3.1　非社会企业组织形式类别 …………………………………33
表3.2　社会企业类别 ………………………………………………33
表3.3　营利组织形式与非营利组织形式的对比 …………………38
表4.1　Q公司的受益人群规模 ……………………………………58
表4.2　Q公司为每个受益人建立的收入水平目标 ………………59
表4.3　成本回收 ……………………………………………………59
表4.4　净利润 ………………………………………………………59
表4.5　成本效率 ……………………………………………………59
表4.6　Q公司客户介绍 ……………………………………………62
表4.7　Q公司业务评估 ……………………………………………65
表4.8　Q公司人力资源岗位需求 …………………………………69
表5.1　社会企业的损益表调整 ……………………………………87
表5.2　社会企业的现金流预测 ……………………………………89
表5.3　社会企业的现金流量表分类 ………………………………89
表5.4　雷励青年2013年12月31日资产负债表 …………………94
表5.5　雷励青年2013年度业务活动表 ……………………………95
表5.6　雷励青年2013年度现金流量表 ……………………………95
表6.1　组委会与理事会的区别 ……………………………………103
表6.2　董事会成员的领导能力和技术能力示例 …………………104
表6.3　社会企业招聘表示例 ………………………………………105

表6.4　社会企业组织能力建设的成本及回报 …………………… 109
表8.1　七种浪费类型 …………………………………………… 146
表10.1　利益相关者的分类 ……………………………………… 189

第1章 社会企业的前世今生与生态系统

1.1 社会企业溯源

社会企业的概念近年来快速兴起,应当归功于小额贷款之父格莱珉银行(Grameen Bank)的创始人穆罕默德·尤努斯。人们开始铭记这个名字始于2006年诺贝尔和平奖颁奖典礼,小额信贷、社会企业、农民银行家等一系列名词一时间引起社会反响。早在1976年,尤努斯放弃了在大学任教的体面生活,开始探索给当地身无分文的农家女性贷款。9年后,才正式获批注册挂牌格莱珉银行,其在孟加拉国文字中的含义就是乡村银行。这家致力于帮助穷人从生存到致富的民间信贷机构,源自草根、服务民生、用商业手段创造社会价值,可以说是一家标准的社会企业!

1.1.1 社会企业土壤

社会企业的出现不是偶然事件,它的出现得益于一定的土壤。第三部门是社会企业的原生态,是社会企业发展的民间土壤。第三部门,是第一部门(public sector,公共部门)与第二部门(private sector,私人部门)之外的组织结构,见图1.1。应该说,这个词是一个舶来品,多见于学术场合,也有人将其与非政府组织和非营利组织(nonprofit organization)混用,但很少出现在中国政府的官方用语之中,但这并不影响第三部门在中国社会的存在和实践,常见的形态有行业协会、社团法人、非公募基金会、民办非企业单位。总的来看,第三部门所处的行业领域和注册形式十分多样,但是在各个国家的实践都离不开几个共性,比如以社会公益为目的、需要政策扶持等。

图1.1 三个部门的组织结构

1.1.2 社会企业基石

社会企业发端于第三部门,有着第三部门的基因。第三部门虽然有别于第一部门和第二部门,但从某种程度上说更是兼具了第一部门和第二部门的特点。

首先,从价值观体系来看,第三部门秉承了第一部门"公共利益最大化"的价值导向,同时又具备第二部门"灵活高效"的特点。比如乡村孩子银行午餐计划,发起人一般来自发达地区,借助互联网等新媒体力量,采用众筹形式,创造涓滴效应,积少成多。这种计划的受益者显然不是发起人,某种程度上属于财富二次分配,但不同于政府行为,其自愿性和操作性很强,财务透明度高,筹款速度快,很容易获得社会共鸣。

其次,从人群基础看,第三部门秉承了第一部门"共同分享"的利益宗旨,同时又具备第二部门"草根民众"的特点。比如社区纠纷调解项目,调解者和受益者往往都是本社区的居民户,通常由一些热心人发起,没有政府干预和官员行为在背后支撑,草根民众之间互帮互助的特点十分明显,扎根于群众、服务于群众、造福于群众的性质鲜明。

最后,从财务基础看,第三部门吸收了第一部门"用之于民"的规范,同时又具备第二部门"财务独立"的特点。比如行业协会组织,财务收入来自会员费。经费使用也以造福会员为目的,提供公共会员福利。财务运作过程独立性始终完整,公开性和透明性只面向特定人群,无须向全社会公开。

1.1.3 社会企业定位

社会企业根植于第三部门,是因为所面临的挑战与第三部门一致。

首先,第三部门在履行公共事务上,只能充当第一部门的配角是不争的事实。第三部门可以弥补政府失灵,起到一种添加剂和润滑剂的作用。比如乡村孩子支教团组织为孩子提供优质的教育资源,弥补了乡村基础教育投入不足、公共资源分配不合理的缺位,但是支教团的作用只能以点带面,无法保证全覆盖。

其次,第三部门在创造GDP和带动就业上,只能充当第二部门的配角,起到调节市场失灵的作用,而不是在市场中发挥主要功能。比如残友集团给残疾人提供自信自强的工作契机,让其自食其力。但是这个组织的生产效率和市场价值是无法和纯粹的企业相提并论的。残疾人分若干残障程度,严重程度越高,工作能力越低,政府补助仍然是其主要的生活来源。

最后,相比于第一部门源源不断的财政资源和第二部门清晰的顾客价值链及再生产循环,第三部门的财源过分分散。比如说,环境保护组织可能会得到政府关于水资源监测的采购,但这种项目很容易因为政府工作重心发生变化而切换。同样地,如果有企业愿意将一定比例的利润捐赠给某家环保组织,但在经济危机和行业波动的时候,这家环保组织就会断粮,夭折概率往往比企业更大。因此,第三部门通常不能持续获得政府采购,无法持续获得捐赠款,财务资源的不可持续性导致第三部门经常出现"雷声大雨点小"的情况,激情受到不可持续的挑战。

1.2 社会企业生态

社会企业是一种混合型组织,有学者称其为hybrid organization,反映出社会企业的目标不是单一的,而是具有双元性——社会绩效和经济绩效。如果说第一部门是创造社会绩效的主体,第二部门是创造经济绩效的主体,那么社会企业毫无疑问是这个轴线的中间体。

图1.2从左往右看,政府是社会绩效的首要责任主体,其次是事业单位和NGO组织,中间位置是社会企业,再往右则是有社会责任的企业、国有企业,轴线最右端则是企业,经济绩效是其命脉。

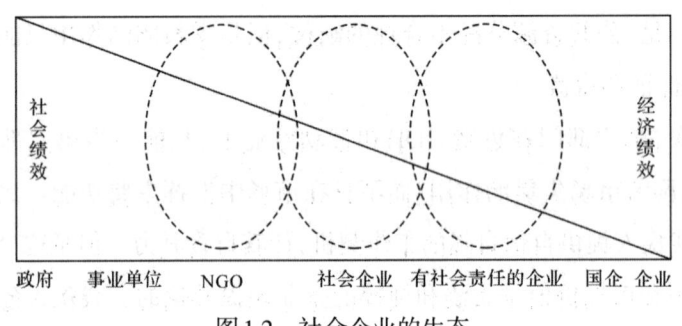

图1.2　社会企业的生态

1.2.1　社会企业与非营利组织

社会企业位于图1.2的中央,意味着比起NGO组织来说,社会企业更像一个"自收自支"的企业,这一属性表现在其自身财务运转能力上。比如说某平价学生旅社,一家收取廉价房费的大学生旅社,房费是维持旅社正常收支平衡或者微利的经济来源。这种模式对社会捐赠款和政府政策的依赖度较低,不会受制于经济不景气而迅速消亡,反而会在经济不景气的时候成为高档酒店的替代者。

社会企业的人力资源专职化和专业化程度显著地高于NGO组织。在内部管理过程中,社会企业通常有明确的管理团队和考核制度。经营过程中,人员成本没有严格的上限规定,而NGO组织的负责人如果领取高额报酬常会引起较大的社会争议。某种程度上是因为社会企业创造了新价值,而NGO组织侧重于传递价值。比如某家艾滋病儿童救治基金会,基金款项来源于社会捐赠,基金管理人员只是将闲散的资金汇聚起来,转给特定的患者,这个过程并未产生新价值。若管理人员从中提取管理费用就会引起争议,即便行业的普遍共识是低于15%,但对于捐款者来说总会觉得没有专款专用。也因此,NGO组织要聘请到优质的管理人员,其难度可想而知。

1.2.2　社会企业与企业社会责任

社会企业位于图1.2的中央,意味着比起有社会责任的企业来说,社会企业有更多的公益属性。社会企业不同于有社会责任的企业,在于社会企业以社会绩效为使命,而有社会责任的企业则把社会绩效置于经济绩效之后,视为第二使命。也有些学者认为企业承担社会责任是获得更大的经济绩效的一种手段。

区别社会企业和有社会责任的企业的最佳方式是审视这家组织对于公益价值的追求是不是与生俱来。组织成立初期是否将社会绩效置于核心地位。社会企业从出生第一天起就将社会绩效视为命根子,是生命的底线,是发展的支柱。而有社会责任的企业是企业在完成原始资本积累后,进入发展周期的中期或后期对自身承担社会责任的再认知,从以往单一的经济价值创造转而更加关注与所在社区的和谐共处。其具体的做法可能是多维度的:严于法定标准的排污守则;追求绿色能源和循环能源的使用;为员工提供社会保险之外的商业保险;活跃在慈善晚宴和公众场合;积极响应政府、学校和社会的公益行动;等等。

1.3 社会企业类型学

社会企业是一个舶来品,所以很多人理所当然地认为中国没有或者鲜有社会企业。这种想法只有在对社会企业开展调查之后,才会有所变化。我们对社会企业的生态群做了一个深入的观察,然后基于受益群体(beneficiary)与社会企业的四种关系形态构建了一个分析框架,如图1.3所示。此处的受益人群,通常来说是这个社会的弱势群体。

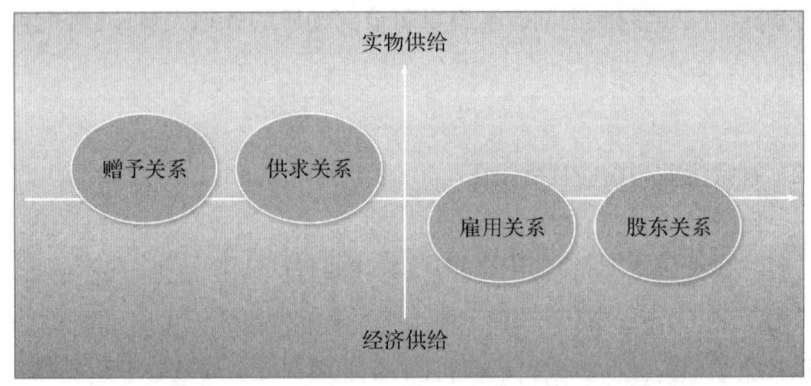

图1.3 受益群体与社会企业的四种关系形态

1.3.1 基于股东关系的社会企业

社会企业源自草根、服务民生,以商业的手段来创造社会价值。基于股东关系的社会企业最典型的模式是农业合作社(cooperatives)。这类企业广泛地存在于乡村集体经济中,美国的农业合作社是理想模式。

美国的农业合作社是一种不以赚钱为目的的非营利性企业,但为了有效开展社内各种活动,也从事一定的经营活动,追求有限的资本利润率。其利益分配基本原则是盈亏共担。借助农业合作社,个体农户走出了孤立封闭的生产运营圈子,单个农场摆脱了农资需求与产品销售方面的压力,加入"大农业"的运行轨道。美国的农业合作社主要在流通领域,通过合作社这个中介体,农场主获得了同外界广泛联系的渠道或许可证,与许多业务相关组织发生联系。同时,农业合作社作为一种竞争力量,由于自身力量的不断加强,具备了讨价还价的能力,从而形成工商业资本对于农民垄断性侵害的制衡。

中国典型的案例是淘宝生态农业。同一个品牌的农产品,源自不同农户,经过严格的检验后,产品通过淘宝生态农业的某个频道投放于市场,极大地解决了人们对有机农业的需求,也减少了农产品的信息不对称。农户的经济收益与整个组织的关系是利益分享、风险共担。

从NGO组织转型过来的大树公益,也有类似的特点。

1.3.2 基于雇用关系的社会企业

基于雇用关系的社会企业在欧洲大量存在,也被称为"工作整合型社会企业"(work integrated social enterprise,WISE)。其主要特点是带动就业,让原本失去工作的群体有工作机会,据此来分享劳动所得。

陶晓莹于1992年创建的三替公司,是一家典型的基于雇用关系的社会企业。这家公司致力于帮助下岗女工再就业,免费为下岗女工进行专业化的家政技能培训,并为她们提供家政工作机会。近年来,这家企业又开始大量培训和吸纳进城务工农村户籍女性。

深圳残友集团雇用残疾人,鼓励其从事力所能及的工作,已经成为中国残疾人就业机会最大的供应商。类似地,台湾喜憨儿面点坊以残障儿童为面点师,形成了一道亮丽的风景线。这批孩童虽然智力低下,但是经过训练后,工作认真负责、一丝不苟,做的面点精致可口,赢得了口碑。英国的《大问题》(*Big Issue*)杂志社则发动街头乞丐来从事杂志的销售工作,是一种富有创造力的、基于雇用关系的社会企业。

1.3.3 基于供求关系的社会企业

基于供求关系的社会企业可能是最为常见的一种形态。社会企业为特定弱势人群提供经济实惠的产品或者服务，满足他们的基本需求。常见于两个领域：老年人和青少年。

青少年领域的典型做法是农民工子弟学校。收取低廉的教育费用，让农民工的孩子有书念，这是中国社会转型期间特有的一种教育模式。其虽不是十全十美，但却弥补了特定的需求，当然也弥补了政府公共教育政策的失灵。悦苗宝宝是上海普陀区一家收容智障程度较重孩童的民办非企业单位，他们收取低廉的托管费，提供教育、生活和简单工作为一体的服务。某平价学生旅社的服务对象是一批特殊的弱势群体——寻觅工作困难的大学生。携职为他们提供位于市中心的价格低廉、满足基本需求的集体宿舍，在求职难的今天起到了帮扶作用。

老年人服务领域的典型模式是基于社区服务的组织，例如，不以营利为目的的社区老人食堂，还有一些带有临终关怀性质的民办养老院。

基于供求关系的社会企业大多直接提供产品或者服务，很少提供现金。格莱珉银行，一家面向孟加拉国贫穷农户提供小额低息信贷的银行，则是一个例外。

1.3.4 基于赠予关系的社会企业

严格意义上，赠予关系不能视为社会企业，应该属于慈善。这样的组织属于非政府组织的范畴。比如助学金募捐，是现金赠予关系；再如救灾物资捐赠，是物品赠予关系。不过这里讲的基于赠予关系的社会企业既能够让受益者满足需求，更能够充分利用市场杠杆获得经济独立性和可持续性，是一批有着商业智慧的非政府组织。

金融助盲卡是提供盲人银行柜台办理业务的解决方案提供商——一家社会企业。借助这个产品，盲人可以清点钞票、方便签名、安全输入密码

第1章
社会企业的前世今生与生态系统

等,从此无障碍处理个人金融业务。这家社会企业帮助的对象是盲人,但顾客则是富有社会责任感的银行,其巧妙地借助银行履行社会企业责任的动力,来帮助盲人,是这家社会企业的高明之处。

"一个鸡蛋的暴走"是一家为西部乡村孩子提供免费鸡蛋的公益项目,但是运转得并不死板,有社会企业色彩。参与者需要徒步完成50千米,并在"暴走"前与自己的亲朋好友打赌筹集善款:"如果我为孩子们'暴走'50千米,你是否愿意跟我打个赌?"活动筹集的"打赌钱"将全部用于支持儿童领域的民间公益项目。这个项目的受益者是乡村孩子,但是策划人的成功之处在于敏锐地发现一批世界五百强企业员工是"暴走"的热衷者。如果将世界五百强企业的公共关系推广和"暴走"活动紧密相连,则可以实现双赢。果不其然,这个活动的冠名权很快就被一些世界五百强企业"竞购",由此获得的收入可以维持"暴走"活动的主办方运作,实现自负盈亏乃至可持续发展。

我们提供的这个分析框架,整合了四种社会企业运作模式,能够对当前日益多元化的社会企业模式做一个简单的梳理,有助于我们分析社会企业的特征。据此,我们可以得到一些基本规律。

(1)基于股东关系和基于雇用关系的社会企业模式更多地侧重于对受助人提供经济上的帮助,受助者本身积极地参与社会企业的运转过程,是一种较为积极的(助人自助的)社会企业运作模式。自身财务的可持续是有一定人力资源保障的。

(2)基于供给关系和基于赠予关系的社会企业模式更多地侧重于对受助人提供物质上的帮助,受助者往往工作能力和生产能力较弱,基本需求无法通过自身劳作得以实现,需要被关爱。换言之,基于供给关系和基于赠予关系的社会企业履行社会职能的色彩更浓,自然而然地,财务可持续的难度也较大,其善于借助外力,比如市场力量,当然,如果同时也能获取政府的财政支持,则直接关系到这些社会企业的生命力。

需要说明的是,上述分析框架是一个简化处理,越来越多的社会企业开始寻求多元化的发展路径,不再依赖某一种基于供求关系的社会企业模式。比如某平价学生旅社为入住旅社的大学生提供免费求职机会，于是大学生的劳动者属性就被利用起来，一些企业的用工需求可以得到缓解。这种模式既有雇用关系的特点，也有赠予关系的元素，是一种多元模式。与纯商业企业类似，社会企业也有开展多元经营的冲动，其经营效果要比理论学者想象得更为有利一些，这是我们的初步观察。长期深入的研究值得期待。

第 2 章 社会企业的社会使命与经济手段

传统上人们认为,非营利组织负责创造社会价值,营利组织负责创造经济价值。而社会企业则结合了营利组织与非营利组织的特点,有效地运用商业模式实现社会目标,同时创造经济价值与社会价值。所以说,社会企业具有社会使命和经济利润双重底线:一方面,解决社会问题、促进社会变革、推动社会创新;另一方面,获取经济收入、扩展资金来源、实现自给自足。

本章阐述社会企业双重底线关系:理论上同等重要,但现实中有所侧重。也即,社会企业的使命与利润对社会企业的发展而言都是必需的,但社会企业的商业活动有时以社会使命为中心,有时与社会使命有关,有时与社会使命无关。为了更详细地解释社会企业中经济价值和社会价值的创造过程,本章还介绍了社会企业的七种运营模式。当然,为了更好地平衡使命与利润,社会企业一方面要摒弃单一使命,另一方面也要建立具体的使命原则。

2.1 认识双重底线

2.1.1 同等重要

在社会企业里,使命和利润就像DNA一样交织在一起。社会企业既运用各种社会项目推动社会价值创造,又通过各种商业活动推动经济价值创造。是社会价值重要,还是经济价值重要?对于这一问题,大部分社会企业家会给出一个二选一的抉择,只有少数社会企业家认识到社会企业的社会使命与经济利润并不是一个简单的取舍问题。

  弯湾托管中心的使命在于协助智障孩子融入社会,使其拥有技能并实现自立。通过情景式教育和个性化培训,这里的孩子们在真实生活场景中学习,掌握生活自理、认知等技能。教师们不辞辛劳地挖掘每个孩子的潜能,并为他们量身定制教学方案,以此增强孩子们的自信心和综合能力。

  弯湾托管中心不仅提供了多种工作机会,如洗车行、小超市、茶歇服务队等,更重要的是让孩子们通过工作实践掌握各种实用技能,并逐步融入社会。通过积极参与社区活动和服务,孩子们建立了广泛的人际关系,增强了社交能力,为自己创造了更多的就业机会。

  弯湾托管中心不仅注重服务智障孩子们,也关注组织自身的盈利和可持续发展。通过创新的盈利模式,如智能技术改造洗车行、数字化智慧爱心超市等,弯湾托管中心实现了自身的可持续发展。这种盈利模式不仅为孩子们提供了稳定的就业机会,也为社会带来了更多的温暖与希望。

事实上,将使命与利润视为非此即彼的抉择,是错误的。没有创造社会价值的使命和承诺,没有解决社会问题的愿景和目标,社会企业便不再具有社会属性;同样,没有利润,社会企业也不能将自己的组织定义为企业。以身体为例,手重要,还是脚重要?眼睛重要,还是耳朵重要?心脏重要,还是大脑重要?我们无法给出二选一的明确答案。因为只有当所有身体机能相互协调,各部分之间互相支持时,身体才会茁壮成长。

身体是这样,社会企业的使命与利润也是这样。总的来说,对一个成功的社会企业而言,使命与利润都是必需的,两者同等重要。有时使命促进利润发展,有时利润促进使命发展。根据不同的情况,社会企业可能需要通过获取利润来捍卫使命,或通过捍卫使命来获取利润。然而,就具体的每一时点而言,两者之间的比例大概是70∶30。就像身体一样,在赛跑时,脚比手重要;而在举重时,手比脚重要。

2.1.2 有所侧重

如前文所述,虽然使命与利润对社会企业的发展而言同等重要,但两者在实际运行中存在着一些冲突。这些冲突是不可避免的,并且渗透到社会企业的方方面面,比如决策、文化、员工关系、客户关系等。具体而言,在使命动机与利润动机的相互冲突下,社会企业内部商业活动与社会使命的关系存在着如图2.1所示的差异。

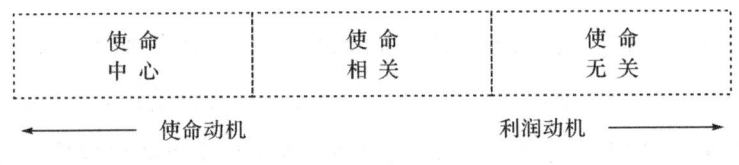

图2.1 商业活动与社会使命的关系

2.1.2.1 使命中心型

商业活动以社会使命为中心。使命中心型社会企业具有合一性,商业活动与社会项目融为一体,使用自我融资模式推进使命实现。雇用弱势群体是使命中心型社会企业的主要特征。

具体而言,在使命中心型社会企业,商业活动嵌入社会项目当中,两者一体化为一个社会企业项目,在实现经济效益的同时实现社会效益(见图2.2)。通常,使命中心型社会企业也被称为嵌入式社会企业。实践中,嵌入式社会企业往往将产品生产、服务提供与创造就业机会相结合,通过为弱势群体提供工作机会,提高他们的收入和生活水平。如农业发展组织将农作物种植活动(社会项目)与咖啡、可可豆的销售(商业活动)相结合,并在此过程中为当地居民创造工作机会。由于社会项目具有持续的资金来源,嵌入式社会企业具有良好的持续性。因而,嵌入式社会企业的使命和利润也具有较高的兼容性。

图2.2　嵌入式社会企业

2.1.2.2　使命相关型

商业活动与社会使命相关。使命相关型社会企业具有协同性,商业活动产生的收入用于支付社会项目成本或营业费用。社会服务商业化是使命相关型社会企业的主要特征。

具体而言,使命相关型社会企业的商业活动与社会项目交叉,虽然两者没有一体化为一个社会企业项目,但商业活动与使命相关,并为社会项目提供资金支持(见图2.3)。通常,使命相关型社会企业也被称为整合式社会企业。实践中,整合式社会企业往往商业化其社会服务,将免费服务变为收费服务,或提供新的服务给现有的客户。如文化组织社会项目的使命是保护传统手工艺,但是可以通过销售文化产品(商业活动)来获取收入;环保组织社会项目的使命是关注植树造林,但也可以推出生态旅游项目(商业活动)来赚取收入。由于商业活动提供的多是一次性收入,社会项目的持续性不如嵌入式社会企业。因而,整合式社会企业的使命与利润的兼容性要低于嵌入式社会企业。

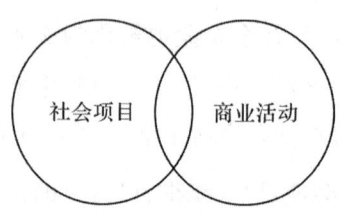

图2.3　整合式社会企业

2.1.2.3 使命无关型

商业活动与社会使命无关。使命无关型社会企业具有分离性,商业活动产生的收入仅仅用于支付社会项目成本和运营费用。

在使命无关型社会企业,商业活动与社会项目分离,两者之间没有交叉,商业活动仅仅作为融资战略,为社会项目提供资金支持(见图2.4)。通常,使命无关型社会企业也被称为外部式社会企业。实践中,外部式社会企业往往通过与其使命无关的产品生产或服务提供获取收入。如社会企业与商业企业签署许可协议,允许它们将社会企业的品牌用于市场推广,以此获取收入。在外部式社会企业,商业活动提供的多是一次性收入,项目持续性不如嵌入式社会企业。因而,在外部式社会企业,使命与利润的兼容性最低,使命相关性和追求社会效益并不是商业活动的先决条件。

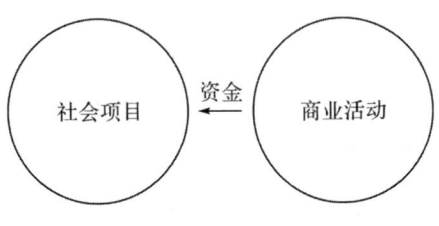

图2.4 外部式社会企业

2.1.3 运营模式

社会企业的目的是同时实现经济价值和社会价值创造。根据社会企业内部商业活动和社会使命的不同关系及商业活动与社会项目的不同集成水平,产生了七种社会企业运营模式。它们描述了社会企业商业业务和社会活动之间的关系,说明了社会企业经济价值和社会价值的创造过程,用创造性的方法促进社会价值和经济价值的融合。需要说明的是,本书描述的运营模式主要采用了苏塔·金·奥特(Sutia Kin Alter)的分类法,这些分类不是为了束缚社会企业家的实践,而是为了帮助读者和社会企业家更好地理解社会企业。

2.1.3.1 创业支持模式

社会企业的创业支持模式:社会企业为目标人群(个人或企业)提供商业支持和金融服务,目标人群再向开放市场提供产品和服务,以此获取收入。社会企业通过对客户提供服务获取收入,用以支付相关的项目成本和运营开支(见图2.5)。产生盈余时,社会企业可以为客户提供健康教育、保险等辅助服务。创业支持模式往往可以形成一个嵌入式社会企业:社会项目即商业活动。而该社会企业的使命是通过支持企业家的创业活动使他们获取收入。

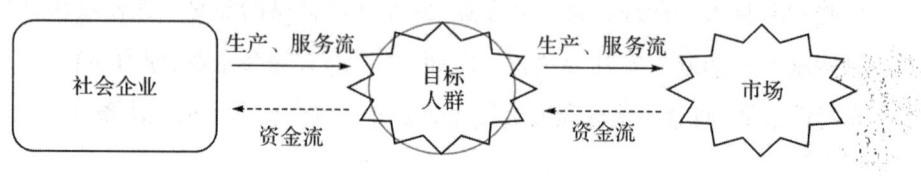

图2.5 创业支持模式

创业支持模式的优点在于能够吸引大量客户,用自我融资模式实现可持续发展。商业活动以使命为中心的性质也有助于社会企业始终坚持社会价值的最终目标。但这种模式的缺点在于其应用范围是狭窄和有限的,只适用于经济发展组织或就业创业支持项目。此外,由于创业支持模式的客户主要为弱势群体,这使组织生存能力受限。

现实中,经济发展组织包括小额信贷机构、中小型企业等,多采用创业支持模式。常见的类型有金融机构、管理咨询机构等专业服务机构。

2.1.3.2 市场中介模式

社会企业的市场中介模式:社会企业为目标人群(个人、企业或合作社)提供产品开发、市场准入和信贷服务。客户生产产品后,社会企业以合理的价格购买产品,然后再在市场上销售产品。社会企业通过产品销售获取收入,用于支付项目成本和运营开支(见图2.6)。市场中介模式往往可以形成一个嵌入式社会企业:社会项目即商业活动。而该社会企业的使命是帮助客户在市场上实现产品销售。

第 2 章
社会企业的社会使命与经济手段

图2.6 市场中介模式

市场中介模式的优点与创业支持模式类似——通过自负盈亏,扩大社会影响,强化组织使命。但其业务仅面向生产商。由于市场饱和、产品质量差等问题,为客户制造的产品找到合适的市场有时面临困难。此外,由于生产商比较分散,社会企业对产品的质量要求难以控制。很多市场中介模式社会企业为解决这一问题,会转化为就业模式社会企业。

现实中,市场供给合作社,如公平贸易组织、农业和手工业群体,多采用市场中介模式。常见的类型有食品公司、农产品公司等。

2.1.3.3 就业模式

社会企业的就业模式:社会企业为其目标人群(存在就业障碍的人群,如残疾人、无家可归者、边缘青少年、前罪犯、妇女等)提供就业机会和在职培训,通过在公开市场销售产品或提供服务获取收入,用于支付项目成本和运营开支,包括工资和雇用导致的其他费用(见图2.7)。就业模式往往可以形成一个嵌入式社会企业:社会项目即商业活动。而该社会企业的使命是为目标人群提供就业机会,开发目标人群技能,增加目标人群收入。

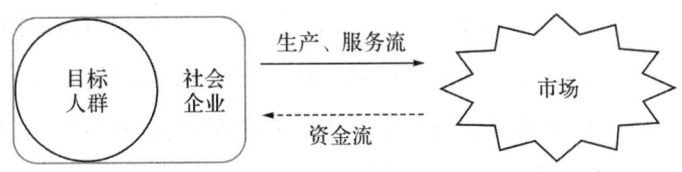

图2.7 就业模式

就业模式的优点在于操作方便,任何组织都可以雇用人群进行产品生产和服务提供。就业模式以使命为中心,可以对就业市场产生积极影响。社会企业要采用该模式,前提是工作机会的恰当性及其商业上的可行性。

通常此类组织会根据雇用群体的情况改良工作环境,或缩短工作时间。就业模式的缺点在于,由于客户多为弱势群体,会在一定程度上影响组织的生存能力。此外,就业模式社会企业与私营企业在市场上的竞争产生了效率低下的成本,也使这类社会企业的生存面临挑战。

现实中,就业模式被广泛用于残疾人组织和青年组织,以及关注低收入妇女、吸毒者、无家可归者的组织。常见的类型有清洁公司、网吧、书店、旧货店、面包店、修理厂等。

2.1.3.4 有偿服务模式

社会企业的有偿服务模式:社会企业商业化其社会服务,或者直接销售给目标人群,如个人、企业、社区,或者间接卖给第三方。社会企业通过收取服务费来实现财政自给自足,盈余(净收入)可以用来补贴其他社会项目(见图2.8)。有偿服务模式往往可以形成一个嵌入式社会企业:社会项目即商业活动。而该社会企业的使命是为客户提供优质低价的服务。

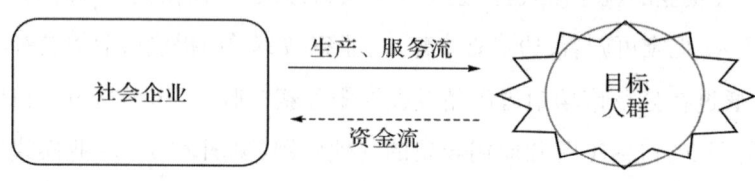

图2.8 有偿服务模式

有偿服务模式的优点是易于实施,但这同时也是它的缺点。许多组织仅仅将有偿服务作为一种创收方式,而不是作为一个可扩展的商业业务。即使作为一个业务经营,许多有偿服务活动产生的经济利益,也未能支付其服务的成本,更不用说自给自足。创业支持模式也面临这一问题,原因在于目标人群缺乏资金,无法支付服务费。而当有偿服务模式在经济上获得成功时,组织的逐利倾向会使其使命与利润产生冲突。

现实中,有偿服务模式的应用非常广泛,超越了非营利部门的界限。常见的类型有会员组织、行业协会、教育机构、公园、博物馆、医院、诊所等。

第 2 章
社会企业的社会使命与经济手段

2.1.3.5 服务补贴模式

社会企业的服务补贴模式:社会企业向外部市场销售产品或提供服务,产生的收入用于补贴其社会项目,满足目标人群的需求(见图2.9)。服务补贴模式往往可以形成一个整合式社会企业:商业活动和社会项目交叉,共享成本和收入。商业活动主要作为社会项目的融资机制,盈利收入用于补贴或全部支持组织的社会服务。服务补贴模式的商业活动往往与使命相关,这有利于扩大组织的社会影响,强化其使命。

服务补贴模式的优点在于其可以广泛应用于各种类型的组织,如非营利组织、企业、公共部门等。该模式还可以通过策略性地商业化其服务,扩大社会企业的影响。但是,一个组织采用这种形式,必须能清楚地界定自己提供的社会服务,并且能通过外部市场的产品销售和服务提供赚取显著的收入。

现实中,服务补贴模式主要用于存在多种服务人群的组织。常见的类型有咨询、教育、物流、就业培训等。

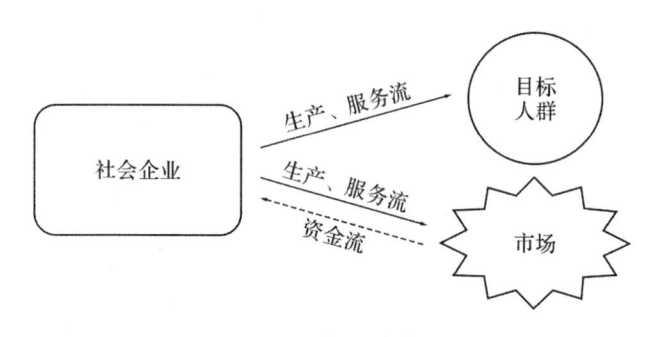

图2.9 服务补贴模式

2.1.3.6 市场联动模式

社会企业的市场联动模式:社会企业充当经纪人的角色,连接买家和生产者,提供市场信息,促进目标人群(小生产者、当地企业和合作社)和外部市场之间的贸易关系,然后收取服务费用(见图2.10)。市场联动模式既可以形成嵌入式社会企业,也可以形成整合式社会企业。如果社会企业的

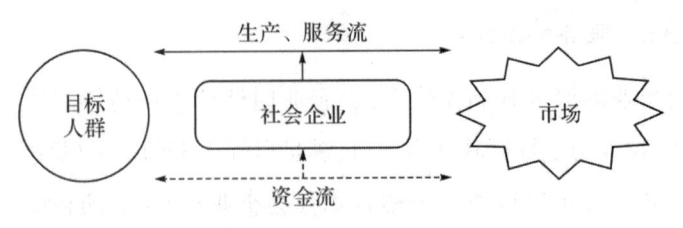

图2.10　市场联动模式

使命是连接客户与市场,并且其社会项目支持这一目标,市场联动模式形成的社会企业是嵌入式的:社会项目即商业活动。如果社会企业商业化其社会服务,收入用于补贴其他客户服务,市场联动模式形成的社会企业则是整合式的。

与其他运营模式不同,市场联动模式的客户大多是有经济实力的私营部门,因而,社会企业生存能力较强。但这也在一定程度上限制了这一模式的应用范围。

现实中,市场联动模式为贸易协会、网络组织、合作社提供各种服务,帮助它们进行进出口贸易,开展市场调研服务和其他活动。这种模式非常适合发展中国家的组织与西方企业进行连接。

2.1.3.7　组织支持模式

社会企业的组织支持模式:社会企业在外部市场开展商业活动,销售产品和服务,获取收入,然后用于支持社会服务组织的社会项目。在此过程中社会企业仅仅作为一种筹资机制(见图2.11)。组织支持模式往往可以形成一个外部式社会企业:商业活动与社会项目分离。因此,社会企业根据财务优势选择商业活动,而这些商业活动并不一定与组织的社会使命相关。

与服务补贴模式的优点类似,组织支持模式在现实中的应用非常广泛。尽管商业活动与组织使命无关,但组织的收入大部分来源于商业活动,所以商业业务必须高度有利可图。在缺点方面,组织支持模式也存在使命与利润的冲突,并且更加严重。所以这一模式最好由业务娴熟的组织来运营。

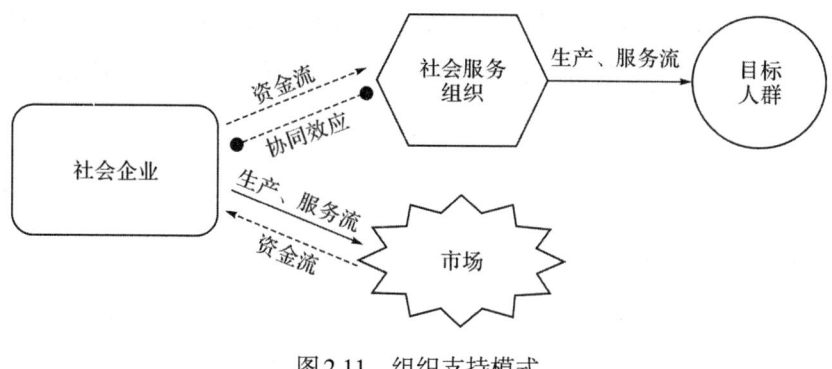

图2.11 组织支持模式

社会企业可以结合不同的运营模式,以实现最大的价值创造,实现双重底线的目标。结合的运营模式可以更好地促进商业活动和社会项目的实施,可以通过进入新市场或引进新业务增加收入,或者可以服务新的目标人群,增强社会影响的深度和广度。嵌入式社会企业的结合可以产生更大的社会效益,整合式或外部式社会企业运营模式的结合可以产生更高的经济效益。本书以就业模式与组织支持模式结合的混合模式为例(见图2.12),让读者对混合模式有一个初步了解。

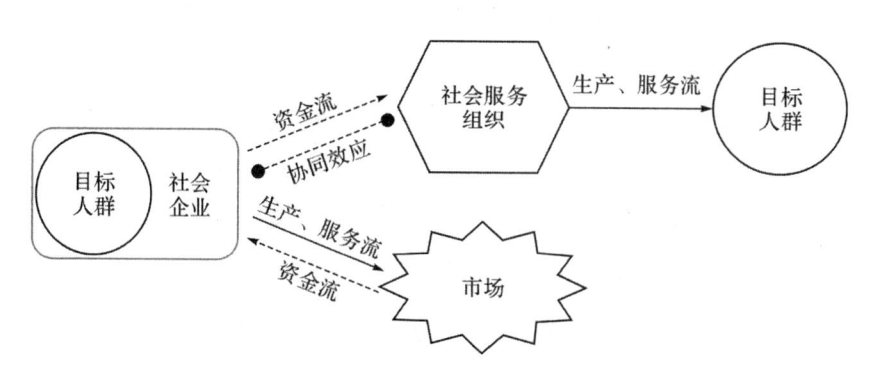

图2.12 就业模式与组织支持模式结合的混合模式

2.2 摒弃单一使命

社会企业运用独特的运营模式开展商业活动,通过销售产品和提供服务获取资金支持,满足了目标群体的需求,完成了服务社会的使命。可以说,使命是社会企业的精神根基,而一个成功的社会企业,往往可以把双重底线植入使命,通过多重使命发挥神奇作用。

第七代公司是一家销售清洁和个人护理产品的公司,由艾伦·纽曼(Alan Newman)创立于1988年。公司之所以取名"第七代",是因为每个决策都要考虑对未来七代人的影响。作为社会企业的先驱,第七代公司致力于用自己的实践使我们拥有一个更加美好和可持续发展的未来。杰弗里·霍伦德(Jeffrey Hollender)是第七代公司(Seventh Generation Inc.)的联合创始人兼CEO(chief executive officer,首席执行官),他认为第七代公司成功地将双重底线植入了公司使命。具体而言,第七代公司拥有如下多重使命。

第一个使命是为弱势就业者提供工作经历和工作机会。为此,第七代公司不仅使员工通过工作达到自给自足,还努力使员工在工作中获得满足感,使他们有机会像正常人一样成长和发展。

第二个使命是为消费者提供更加安全和健康的家居产品。为达成这一目标,第七代公司努力加强对消费者环境、社会和健康问题的教育,让消费者相信自己的行为可以带来改变。

第三个使命是使社会企业在运营中实现使命与利润的整合。目前,第七代公司拥有1亿美元的销售收入和近50%的利润率。

霍伦德试图建立一家成功的社会企业,不仅可以完成一个使命,而且至少可以完成三个使命。在他看来,摒弃单一使命,拥有多重使命会产生神奇的作用。

多重使命会对员工产生神奇的作用。社会企业雇用带薪劳动者,同时也雇用志愿者以节省资金。由于社会企业是使命导向型组织,因此容易在

第 2 章
社会企业的社会使命与经济手段

组织与员工之间建立牢固的信赖关系。带薪劳动者因为对社会企业所从事的活动产生共鸣,他们会带着非常高的激情开展工作。志愿者也因为对社会企业的使命认同,会主动加入为社会企业服务的队伍。此外,由于社会企业提供的不仅仅是薪水,还包括为社会服务的机会,这使社会企业有机会吸引更多更好的人才。

多重使命会对消费者产生神奇的作用。与使命对员工的正向作用相比,使命对消费者的影响要复杂得多。很多消费者购买产品和服务时,都要首先考虑产品的品牌认知度。以面包店为例,除了使命,蛋糕的质量和服务的水平也会影响消费者的决策。尽管消费者偏向有良好社会影响的企业,但也不会为此购买服务欠佳的社会企业提供的产品。因此,社会企业为了更好地实现其使命,促进消费者购买,必须确保产品和服务的质量。

多重使命会对企业融资产生神奇的作用。社会企业需要政府及金融机构的投资、融资支持。社会企业关注并解决政府忽视的社会问题,如扶贫开发、环境保护、妇女儿童、流动人口等,并以服务社会为最终目标。因此,社会企业容易获得政府的资金支持。一般情况下,银行对做善事的组织非常友好。只有在最坏的情况下,银行才会拒绝为做善事的社会企业提供资金支持。而在最好的情况下,银行贷款基于贷款人的资信状况、偿还能力,会非常赞赏社会企业家的优良品质。

总体而言,在一个方面做得出色有助于其他方面的进步,而造福社会的多重使命会对整个社会企业的运营产生积极的作用。

2.3 明确使命原则

使命与利润是一对宏观矛盾。在社会企业的日常运营中,这一矛盾又衍生出一系列无穷无尽的微观矛盾。作为社会企业的领导者,社会企业家不得不或多或少地偏向其中一个。为促进社会企业的正常运营,实现经济价值和社会价值的双重底线,社会企业家必须正面解决这些矛盾。方法之一是建立一套书面指导原则，让所有利益相关者对社会企业的运营达成共识。在运营企业前建立这些原则是非常关键的。从此，社会企业家不必站在银行家面前计算启动资金，也不必站在客户面前计算原材料价格。社会企业家可以预见各种情况下的挑战并有所准备。如果不建立这些指导原则，会使社会企业家在激烈的市场竞争中浪费精力，无法实现预期结果。

指导原则应该比使命更加具有描述性，它描述了不同情况下利益相关者的期望。创建指导原则一旦完成，社会企业的运营将会变得非常简明。利益相关者将明确知道社会企业所处的位置，知道社会企业的商业价值所在，知道推动决策的关键因素。当然，作为总体原则，指导原则不束缚管理，而是提供总体框架和指导意见。社会企业的战略规划和目标设定应该来源于其使命和指导原则。

一般而言，指导原则应该尽量简洁明了。本书列出了指导原则可能涵盖的一些要素（见表2.1），也可视不同情况调整修订。

表2.1　社会企业指导原则要素

要素	关键问题
员工	社会企业与员工的关系如何？员工是社会企业达成目标的手段，还是社会企业的一部分？在组织结构中，如何体现社会企业与员工的关系？
环境	社会企业与所处的环境关系如何？当地社区仅仅是社会企业开展商业活动的场所吗？社会企业远离该环境是否会削弱其社会影响和社会关系？所处的环境是否会因为社会企业对其产生了积极影响而记住该企业？
利润	为获取利润，社会企业会做什么，不会做什么？社会企业的利润目标是什么？当获利时，谁应该被奖励？
工资	工资应如何计算？社会企业对最低工资的承诺是什么？社会企业承诺提供何种类型的福利？
治理	社会企业对谁负责？领导者对谁负责？
决策	社会企业打算向谁征求意见、忠告和建议？可否通过协商一致做出决策？决策由谁负责？
商业原则	社会企业的基本商业原则是什么？
公共政策	哪些社会问题是社会企业的兴趣所在？社会企业是否试图以一人之力去解决这些问题？社会企业是否会引导公众舆论？社会企业试图影响公共政策吗？
影响评估	社会企业如何评估自己的影响力？对社会企业而言，何谓成功？社会企业愿意花费多少时间和精力去评估其影响力？社会企业是否愿意根据评估的结果，对企业进行改进？

第 2 章
社会企业的社会使命与经济手段

为了更好地理解指导原则的意义，本章以格里斯通面包店（Greyston Bakery）为例进行进一步的说明。格里斯通面包店是一家为纽约市多家高级餐厅供应面包的企业，于1982年成立于纽约河谷，创始人为伯尼·格拉斯曼（Bernie Glassman）——一个有远见的佛教禅宗牧师。公司设立的初衷是为了给纽约西南地区的低收入人群提供就业的机会。格里斯通面包店的网页上列出了一系列指导原则。

员工：纽约西南地区的居民大部分为黑人或是移民，文化程度低，就业困难。为解决他们的就业问题，格里斯通面包店采用了"开放招聘政策"，应聘者不论学历和背景，都可在格里斯通面包店上岗试用6个月。6个月后，如果员工可以胜任此项工作，就可成为格里斯通面包店的正式员工。

个人发展：除为无家可归者、低收入者和弱势群体提供工作机会外，格里斯通面包店还通过"Path Making"项目，让个人找到适合自己的发展道路。为此，格里斯通面包店开发了一些个人评估量表（包括身体、心灵、思想、精神和自我等），用以研究个人如何才能拥有一个健康的生活。

工资：格里斯通面包店强调为自己的员工提供合理的薪酬水平，而且所有员工都有权利参加公司的利润分红。因为大部分员工的背景都是低技能和低受教育水平，所以公司给员工提供各种培训机会，包括提供贷款、教育奖学金，让他们有自我成长的机会。格里斯通面包店的信条是"如果公司好好对待我们的员工，我们的员工就会好好对待他们的工作，我们就可以不断发展壮大。"

利润：格里斯通面包店还有自己的基金会，公司所有的利润全部贡献给基金会，而基金会的宗旨就是服务公司和员工所在的社区，比如建造低收入人群住的廉租房、幼儿看护、医疗服务和技术培训。所以，格里斯通面包店不仅改变了自己员工的生活，同时也通过基金会的举措改善了更大范围人群的生活。

2012年,格里斯通面包店成为纽约州第一个注册的受益公司。现在它已经是纽约最知名的巧克力蛋糕布朗尼的生产商。其产品不仅供应纽约的高级餐馆,而且是班杰利公司(Ben & Jerry's)和哈根达斯冰激凌公司某款口味冰激凌中巧克力饼的独家供应商。在40多年的发展过程中,格里斯通面包店不断贯彻其指导原则,用自己的项目和服务改变了成千上万居民的生活。

所以,为实现利润最大化,社会企业必须通过网络等各种途径广泛传播其指导原则,尽可能使所有利益相关者都可以看得到,这样会自动吸引那些想合作的利益相关者,排除不想合作的利益相关者。

案例2.1

百特教育

上海百特教育咨询中心(以下简称"百特教育")是一家专注于青少年社会和理财教育的非营利组织,成立于2009年。其使命是通过志愿者网络和互联网平台,为学校和社区提供生活化的社会和理财教育课程,并通过这些生活化的课程帮助青少年自我激励,独立思考,合作行动,成长为负责任、积极地改变世界的公民。具体而言,百特教育的服务对象主要包括儿童、中学生、待业青年和青年工人等,特别是流动儿童和农村青年。而其开设的青少年社会和理财教育课程包括"阿福童计划"儿童生活教育课程项目、"理财有道"中学生理财教育活动项目和"神探贝妮"儿童理财戏剧等。

百特教育在其运营过程中坚持采用"两条腿走路"的发展模式,既通过各种社会项目推动社会价值创造,也通过各种商业活动推动经济价值创造,是有效地运用商业模式来实现社会目标的典范。

1. 社会价值

百特教育在其发展过程中有效地促进了公民教育的开展,也对社区建设产生了积极的影响。

(1)公民教育

百特教育建立的初衷是提升青少年的理财能力,为此,它不断发展机构的专业能力,开发了各种课程项目,并运用专题讲座、学生社团活动、情景剧、辩论赛、游戏等方式促进课程的实施和开展。目前,全国共有超过3000名小学生参加了"阿福童计划",2万多名中学生参与了"理财有道"项目,1万多名小学生观看了"神探贝妮"儿童理财戏剧演出。这些项目的实施有效地促进了青少年对金钱、利息、福利、投资、市场的认知,使他们树立了正确的消费观和理财观,提高了他们的财务规划能力,同时也提升了他们的社会责任感和公民意识。

(2)社区建设

百特教育开展的各种理财项目都是以社区为依托的。由于服务对象包括来自贫困家庭的青少年、外来务工人员子女,因此,百特教育在进行理财教育的同时,给予这些弱势青少年充分的关怀,帮助他们了解社会、融入社会,增强他们的自信心、表达能力、团队合作能力,在为他们创造和谐的社区生活环境的同时,解决了社区问题,促进了社区建设。此外,百特教育通过学生社团活动,促进了不同地区学校以及学生之间的联系,对社区网络的建设也做出了一定贡献。

2. 经济价值

为实现可持续发展,百特教育在加强自身造血功能方面也不断进行探索。其创始人王胜曾提出:"一家公益组织只有当非限定的可自由支配的资金达到一定比例之后,才可能称得上可持续发展,这个比例也许是30%,也许是50%。非限定的资金可用于机构的研发、人才的培养、对未来重大发展方向的投资等。没有相当数量的自由资金供支配,公益机构无法建立起长远意识和战略眼光,而只能勉强滚动发展。"

目前,花旗集团基金会及花旗银行中国公司、GSRD基金会、巴克莱投资银行为百特教育提供了大量的资助,使其可以开展免费的教育和培训活动。但是为了更好地实现可持续发展,百特教育也在不断拓展收费项目,比如针对特定的客户群体的收费理财培训课程。除此之外,百特教育还与玩具开发商合作,开发了"阿福童"品牌的玩具和文具,这些物品的销售也可以为组织的发展提供资金。

3.运营模式

通过对百特教育的分析,我们可以看出它是一家使命相关型社会企业。无论是收费课程,还是玩具销售,这些商业活动都与百特教育"推动青少年社会和理财教育"的社会使命相关。就运营模式而言,百特教育采用的主要是服务补贴模式:通过收费商业活动产生收入,用于支付"阿福童计划""理财有道""神探贝妮"等社会项目的成本和整个组织的运营费用。服务补贴模式也是咨询教育类社会企业通常采用的运营模式。通过这种方式,百特教育在获取经济利润的同时实现了社会使命,有效地促进了社会价值和经济价值的融合。

案例2.2

黑乐文化

宁波黑乐文化传播有限公司(以下简称"黑乐文化")是由王彦龙创立的社会企业,旨在推动中国视障群体的多元化就业。目前,中国约有1800万名视障人士,而其中盲人按摩师比例高达90%。黑乐文化通过创新的就业模式和社会企业的运营方式,已帮助上千名视障人士成功就业。王彦龙本人也是一位视障人士,他对视障群体就业问题的深刻理解,成为黑乐文化创立和发展的核心动力。

1. 社会价值

（1）多元化就业机会

除了提供"黑暗空间"体验活动外，黑乐文化还通过盲人云客服培训、有声书演播等多种就业渠道，进一步打破了视障人士只能从事按摩等传统职业的局限。通过与企业和机构的合作，黑乐文化不仅为视障人士提供了更多元的职业选择，还在推动社会企业的发展中发挥了积极作用。盲人云客服培训项目的成功合作案例，如与阿里巴巴的合作，不仅为视障人士提供了更多的就业机会，也为企业提供了高效专业的客服服务。而有声书演播项目的开展，则为视障人士创造了一个可以充分发挥他们阅读、表达能力的平台，进一步丰富了他们的职业选择，并在文化传播领域注入了新的活力。通过这些创新举措，黑乐文化不仅为视障人士提供了就业机会，也为构建一个更加包容和多元化的社会做出了积极的贡献。

（2）促进残障人士自立

黑乐文化不仅提供就业机会，更是一座桥梁，连接着视障人士与自力更生的可能性。通过其培训，视障人士得以不断提升自身技能，进而在各个领域中获得更多的工作机会。这种综合性的支持不仅在经济上为他们提供了帮助，更在心理和社交层面帮助他们建立了自信，拓展了人际关系。黑乐文化的努力不仅仅是为了改善视障群体的生活质量，更是为了构建一个更加包容和平等的社会，让每个人都能够充分展现自己的价值和潜能。

（3）跨界合作与创新

黑乐文化与各行各业的企业和机构展开了广泛而深入的合作，涉及领域包括但不限于技术、教育、娱乐和社会服务。在技术领域，黑乐文化与互联网公司合作，开发了盲人云客服专员项目，为企业提供了专业的客服服务，同时为视障人士创造了就业机会。在教育领域，黑乐文化与学校和培训机构合作，开展了视障人士职业培训项目，为他们提供了更多就业技能和机会。此外，黑乐文化还与娱乐平台合作，推出了有声演播项目，为视障人士提供了参与娱乐产业的途径。在社会服务领域，黑乐文化与慈善机构和政府部门合作，共同推动残障人士就业政策的制定和执行，为他们提供更多的支持和保障。这些跨领域的合作不仅解决了视障群体的就业问题，也为社会企业提供了可借鉴的模式，促进了社会的包容和进步。

2. 经济价值

在商业模式方面，黑乐文化不仅将公益目标与商业运营相结合，更以独特的方式实现了自我造血，为企业的可持续发展奠定了坚实基础。而在企业合作方面，黑乐文化的努力不仅为企业提供了可靠的招聘渠道，还帮助企业节约了残保金，实现了双赢。

（1）创新商业模式

黑乐文化不仅仅将公益目标与商业运营相结合，更以独特的方式实现了自我造血，为企业的可持续发展奠定了坚实基础。其通过提供有偿服务，如"黑暗空间"体验活动和盲人云客服专员服务，成功地吸引了企业和个人客户，并以此为支撑保证了自身的经济运转。这种经营模式为其未来的扩张和发展提供了可靠的资金支持。

（2）企业合作与成本节约

通过黑乐文化的努力，企业在招聘残障人士方面开拓了新的解决途径。黑乐文化不仅为企业提供了可靠的招聘渠道，还帮助企业节约了残保金。企业常常因为缺乏招聘渠道或对残障人士的工作能力存在误解而犹豫不决，但通过与黑乐文化的合作，他们可以放心地选择合适的人选，充分发挥残障员工的潜能，为公司带来更多的价值。这种以人为本、以社会责任为导向的合作模式，不仅为企业提供了更多元的人才选择，也为视障人士创造了更多就业机会和发展空间,实现了企业与社会的双赢。

(3)拓展市场空间

在与留学机构的合作中,黑乐文化不仅仅是为留学生提供志愿项目设计服务,更重要的是,它为企业拓展了服务范围和市场空间。这种合作不仅有助于留学生在海外学习期间参与有意义的志愿活动,丰富了他们的留学经历,还让企业意识到了视障群体的潜在价值。通过这样的合作模式,黑乐文化不仅在促进视障群体的多元化就业方面发挥着积极作用,同时也在推动企业社会责任和可持续发展方面迈出了重要一步。

第3章 社会企业的千姿百态与殊途同归

形式是组织赖以生存和发展的基础。形式影响组织的管理、决策、融资等各个方面,所以说,形式的选择是一个战略决策。社会企业家们普遍感觉能否找到最佳的法律形式是他们面临的最大挑战。在营利组织和非营利组织之间,社会企业家通常面临艰难的选择。其实,对社会企业的界定重要的不是形式,而是目标。在社会企业产生、成长和可持续发展的每一个环节中,其公共利益目标胜过一切。社会企业的形式,特别是其营利与非营利状态,只是一个完成社会使命的战略问题。

本章对社会企业的组织形式进行了论述,指出社会企业既可以采用营利组织形式,也可以采用非营利组织形式。但这两种形式都存在缺陷,为了更好地实现商业目的和非商业目的,社会企业必须探索新的法律形式。当然,这些新兴的形式并不完善,需要不断优化,更多新的法律形式也将不断出现。但无论如何,社会企业必须选择有助于融资增长的形式。

3.1 社会企业的组织形式与分类

为了更好地了解社会企业形式选择的战略意义,我们首先对比现存的组织形式类别,将其简单地分为两类:社会企业(SEs)与非社会企业(NSEs)。其中,社会企业被定义为是为了公共利益试图改变世界的企业;而非社会企业被定义为"其他一切"。虽然非社会企业并不是本节的兴趣

第3章
社会企业的千姿百态与殊途同归

所在,但由于它们跟社会企业具有相同的组织形式,本书也加以简单介绍。具体而言,非社会企业至少包含三种类型的组织形式(见表3.1),且每种组织形式都有一定的优势和劣势。

表3.1 非社会企业组织形式类别

组织形式	目标说明
传统商业企业	主要为所有者利益最大化而从事商业活动
具有社会责任感的商业企业	追求所有者利益最大化,并尽量减轻其产生的有害影响
传统非营利组织或非政府组织	旨在用非商业方法实现公共利益目标

社会企业也具有与非社会企业类似的组织形式,既可以采用营利组织形式(传统商业企业、具有社会责任感的商业企业),也可以采用非营利组织形式。为了更好地理解社会企业,本书采用社会企业家马尔·沃里克(Mal Warwick)提出的社会企业分类方法(见表3.2),对社会企业进行了更细致的划分。沃里克既是一名社会企业家,同时也是一名著名作家,著有《贫困问题的商业解决方案:为30亿新客户设计的产品与服务》一书。他提出了一种非常简单实用的社会企业分类方法,社会企业根据存在部门和方法的不同,可处于四个不同的象限。

表3.2 社会企业类别

	社会部门		商业部门	
创造收入	非营利组织为实现社会使命,通过商业模式创造收入	1	商业企业创造收入,支持非营利组织实现社会使命	2
解决问题	非营利组织用创业方式解决社会问题	3	商业企业用创业方式解决社会问题	4

象限1主要包括非营利医院运营的停车场,以及非营利组织为获取收入而创立的众多商业业务,如"绿带运动"(Green Belt Movement)、上海屋里厢社区服务中心等,为实现社会使命,通过商业活动创造收入。

"绿带运动"是一家环保组织,由旺加里·马塔伊(Wangari Muta Maathai)于1977年创立于肯尼亚。"绿带运动"利用植树作为突破口,试图唤醒民众关于自主、平等、改善生存安全和保护环境的意识。由于"绿带运动"的收入大部分来自捐赠,为了更好地实现自我创收,"绿带运动"开发了促进环境保护和社区发展的生态旅游项目,更好地促进了组织社会使命的实现。

上海屋里厢社区服务中心(以下简称"屋里厢")于2008年在浦东新区民政局正式注册成立。作为立足社区发展的平台型机构,屋里厢接受政府委托,管理公共服务设施。在此过程中,通过搭建社会组织广泛参与的平台为居民提供服务;同时,屋里厢为合作的社会服务机构提供服务。为了获取收入,屋里厢开办了慈善超市,并且承办商业活动,有效地维护了组织的社会使命。

象限2主要包含一些非常有代表性的企业,像"纽曼私传"(Newman's Own)、"欣耕工坊"等,它们都是营利性的商业企业,但将大部分或全部利润用于支持非营利组织的发展。

"纽曼私传"是一家食品公司,由演员保罗·纽曼(Paul Newman)和作家霍奇纳(A. E. Hotchner)于1982年创立。"纽曼私传"的利润主要来源于产品销售,交税后全部收益归于自身拥有的基金会,再由基金会捐赠给教育和慈善组织。自1982年以来,"纽曼私传"基金会已经筹集了超过3.2亿美元的善款。

"欣耕工坊"由创始人朱炳肇先生与几位志同道合的爱心人士于2006年10月发起,并于2007年5月正式注册。"欣耕工坊"遵循"助人自助"的帮困原则,以生产、贸易、助学的运作方式,将大部分利润用于为城乡弱势群体提供生产、就业的机会,为中国贫困地区青少年提供助学基金。

象限3包括像"善念机构"(Goodwill Industries)、"上海悦苗残疾人寄养园"等为存在就业障碍的人群提供培训和就业机会的组织。

"善念机构"由牧师J.埃德加·赫尔姆斯(Edgar J. Helms)于1902年创立,是一家501(c)(3)[①]非营利组织,为残疾人、缺乏教育和工作经历的人或面临就业困难的人提供就业培训和安置服务。2011年,"善念机构"收入超过40亿美元,并用82%的收入为超过420万人提供就业、培训和支持服务。

---

① 501(c)(3)是指宗教、教育、慈善、科学、文学、公共安全测试,促进业余体育和防止虐待儿童或动物类组织。

上海悦苗残疾人寄养园(以下简称"悦苗")是一所为智障青少年提供养护和疗育的民办非营利性社会福利机构,开办于2003年11月,办园的目的是关爱智障青少年的成长,探索该领域的管理、康复、教育、养护等经验,以及政府、家庭、社会的责任和协作关系,解除家长的后顾之忧。悦苗在发展过程中还推出了手工作坊,帮助智障青年就业,推进了残疾人社会保障事业的发展。

象限4主要是那些以社会使命为中心而建立的营利性商业企业,"离岸银行"(Shore Bank)、"彼得·德鲁克管理学院(Peter Drucker Academy)"是象限4中有代表性的例子。

"离岸银行"成立于1973年,是一家社区发展银行,总部设在美国芝加哥,它像其他银行一样运营和管理,但致力于创造"经济公平和健康环境"。在20世纪90年代,"离岸银行"开发出银行的三重底线,认为项目利润、对人的影响和对环境的影响同等重要。以使命为导向的"离岸银行",历史业绩与其他银行相比不相上下。

彼得·德鲁克管理学院致力于为中国企业管理者、NGO以及大学生提供优质的管理知识和工具,为中国乃至世界培育杰出的管理者。它以传播管理思想为己任,该学院的课程已经遍及全国19个省区市。每个课程中除了贯穿着"绩效精神"的理念外,也都蕴含着"责任""贡献""结果"这三个德鲁克非常强调的词。

3.2 社会企业法律形式

如前文所述,社会企业既可以采用营利组织形式,也可以采用非营利组织形式。由于社会价值和经济价值的双重底线,社会企业往往寻求在单一形式中同时实现商业目的和非商业目的。一般而言,如果社会企业主要通过投入资本(投资者为获取经济回报而提供的资本)积累资金,商业股份公司或有限责任公司(LLC)可能是企业形式的一个更好选择。如果社会企业主要通过捐赠资本(没有经济回报预期的资本)筹措资金,非营利组织形式可能是最好的选择,尤其是当投资者想要或需要为其捐款获取税收减免时。但是,几乎没有一种形式能满足一个社会企业的所有需要,通常不同形式之间的组合是必需的。本书以美国的社会企业形式为例,对不同组织形式的利弊进行了分析。

3.2.1 美国的社会企业形式

3.2.1.1 采用非营利组织形式的社会企业

非营利组织不能发行股票,不能向所有者分配利润,而商业股份公司或有限责任公司可以。不过,非营利组织可以发行债券,可以向贷款人支付利息。只要利率是合理的,而且发行债券的目的是促进慈善机构的利益,而不是贷款人的利益,贷款人是否完全由利润动机驱使无关紧要。一个慈善机构甚至可以根据不同的财务安排创立不同的债券类别。

如果慈善机构经营商业业务,那么它面临另一个重大挑战,即无关业务所得税(unrelated business income tax,UBIT)。UBIT是对慈善机构通过无关的业务活动所获取的收入征收的税。如果慈善机构的收入来自定期进行的贸易或商业活动,并且与慈善组织的使命没有任何直接关联,则该收入须按照正常的企业所得税税率纳税。某些活动,比如出版和广告,被美国国税局(IRS)视为无关收入,而不管它们是否与慈善机构的目标相关。通过这些活动获取的收入也要缴纳无关业务所得税。

3.2.1.2 采用营利组织形式的社会企业

采用营利组织形式可以为社会企业带来很多商业上的竞争优势。这避免了采用慈善机构形式的所有限制,并且可以在筹集资金方面给予组织更大的灵活性。

商业股份公司可以发行股票、支付股息,它们可以与其他企业进行利润分享,而不受制于合理补偿原则或UBIT。虽然股东利益通常被解释为股东的经济利益,但我们完全可以认定一个社会企业的股东利益包括社会价值实现。商业股份公司的一个主要劣势是对企业的捐款不能免税,企业对外的捐款在纳税时最多只能减免纯收入的10%。

另一种适用于社会企业的组织形式是有限责任公司(LLC)。有限责任公司由"成员"组成和拥有,而不是"股东",享受穿透性税收待遇(pass-through tax treatment),由于企业的收益与损失可以冲抵企业持有人的个人所得税应税收入,从而避免了双重征税。与商业股份公司和非营利组织相比,有限责任公司在分配利润和成员管理方面有很大的灵活性。有限责任公司非常适合投资者数量有限和投资额较低的企业。然而,如果股票是向公众发售的,或者期望有较高的投资额,商业股份公司可能比有限责任公司要更适合。

3.2.1.3 采用合资企业形式的社会企业

非营利组织、商业股份公司或有限责任公司都能组合成合资企业。比如,一个慈善机构和一个营利企业可以以有限责任公司作为组织形式组成一个合资企业,并且用经营协议来详细说明每个成员各自的权利和义务。每个成员都受自身管理原则的约束,所以慈善组织不应该用合资企业形式去追求过度的经济利益,商业股份公司也不能用合资企业形式去做一些自身权利范围内不能直接做的事情。

合资企业的组成者不必为合资企业创立一个单独的形式。许多所谓的合资企业主要通过协议创立,比如赠款协议、融资协议、管理协议、联合运营协议、租赁协议、许可证、企业赞助协议或服务合同。

3.2.2 两种形式的对比

为了更好地理解社会企业采用不同形式的利弊,本书从管理、税收、利润等不同方面对营利组织形式与非营利组织形式进行对比,如表3.3所示。

表3.3 营利组织形式与非营利组织形式的对比

	营利组织	非营利组织
管理	对股东负责	对社会负责
透明度	只有上市公司的财务记录才提供给公众审查	每家免税组织必须每年向美国国税局提交反映其财务状况的990表格,以便公众审查
外部支持	通过品牌知名度和企业社会责任记录获得支持	通过"造福社会"的目标获得支持
税收	所有收入按照企业所得税税率纳税	与使命相关的收入不收税;无关收入按照UBIT征税
获取债务资本	可获得的;限制很少	可获得的;利率必须具有竞争力
获取投入资本	可以获得有财务回报预期的股权投资	只能获得捐赠资本,而且没有财务回报预期
资本使用	根据管理部门的决定,用途广泛	通常限于捐赠者指定的用途
利润使用	除用作内部资本外,可通过股息和利润分享分配利润	保持企业资金平衡;可以用作内部资本

3.3 社会企业新兴法律形式

正如前文所述,虽然社会企业可以采用传统的营利组织形式和非营利组织形式,但这两种形式都存在缺陷,阻碍了社会企业扩大影响。社会企业采取非营利组织形式的首要目标是实现社会使命,保护公益特征,所以不能向股东分配利润,这妨碍了社会企业获取资金。而社会企业注册成为营利组织形式的首要目标是追求股东利益最大化,这阻碍了社会企业使命的实现。鉴于传统的营利组织形式和非营利组织形式都无法满足社会企业实现双重目标的需要,越来越多的社会实践家开始探索社会企业的新法律形式,试图采用先进的商业模式和实践来实现社会企业的双重底线,使社会企业在实现使命的同时,能够获取经济利润。

对于社会企业是否应该采用新兴法律形式,律师、政策制定者和社会企业家一直在进行轰轰烈烈的讨论。一些人认为,社会企业不需要新的法律形式;有些人认为目前新兴的法律形式完全能满足社会企业的需求;还有人则认为,社会企业的发展还需要其他新的法律形式。

总体而言,社会企业无论采用传统的营利组织形式或非营利组织形式,还是采用新兴的法律形式,都应明确其法律形式的目的,因为社会企业的形式是服务于其需求的。一般来说,社会企业采用法律形式是为了完成四个目的:①确保实现社会使命;②运用商业模式获取收入;③促进资金来源多元化;④平衡捐赠者与投资者的利益冲突。鉴于社会企业的法律形式主要服务于其社会与经济的双重目标,因此本书着重关注不同形式对社会使命和融资的影响。

本节将介绍三种新兴的社会企业法律形式:英国的"社区利益公司"(Community Interest Company,CIC)、美国的"低利润有限责任公司"(Low-profit Limited Liability Company,L3C)和"受益公司"(Benefit Corporation,B Corporation)。它们都是营利性实体,但融合了非营利组织和商业企业的特点,可以向投资者分配利润,但获取利润并不是其主要目的。这三种新兴的法律形式,支持商业目标和社会目标的整合,一定程度上解决了限制社会企业发展的制度障碍,促进了社会企业的发展。总体上来说,它们的发展方向都是正确的,但仍需在实践中不断完善。

3.3.1 CIC

英国于2005年7月1日正式颁布了《2005年社区利益公司规定》(Community Interest Company Regulations 2005)。CIC是有限责任公司的一种,它以实现社区利益为目标,同时采用商业方法赚取利润,有效融合了社会价值和经济价值。截至2014年3月,英国已经有超过9000家机构注册为社区利益公司。下面介绍CIC在何种程度上满足社会企业的需求。

3.3.1.1 "社区利益测试"

"社区利益测试"(community interest test)的目的是检验CIC开展的活

动是否为了社区利益。申请者要向监管人提交显示其目的的证明,在章程中明确自己追求公众和社区利益的目标。监管人建议申请者从三个方面考虑自己是否能够通过测试:建立CIC的目的、活动所涉及的范围、活动的受益群体。一旦通过这个测试,只要还是CIC,就必须保证能够持续满足这个测试。如果监管人认为它不能再满足测试,将会对其采取行动。

现实中,可以通过这个测试的活动有很多,几乎存在于各个领域,这是由市场经济本身的多样性决定的,如教育培训、儿童照管、卫生保健、休闲和社区服务、环境保护、公平贸易等传统的非营利领域,房地产、金融和其他专业服务等营利领域。当然,CIC的每一项活动并不都要与社区利益直接相关,重要的是CIC所做的事情朝着使社区受益的方向努力。例如,一个公司生产或销售一种特殊的产品,不需要证明这个产品是使社区受益的,只要公司将销售利润捐给慈善组织,就可以通过测试。

3.3.1.2 "资产锁定"和利润分配限制

CIC提供了一种维护社会使命的创新方法。选择登记为CIC的社会企业必须承诺"资产锁定"(asset-lock)。"资产锁定"是CIC保障公共利益的核心机制之一。CIC只能将资产(公司的利润和盈余)用于社区利益。如果CIC要进行资产转移,则应该满足以下条件:①资产以市场价格进行转移,以保证资产价值;②只能将资产转让给其他CIC或慈善机构;③转移的目的是社区利益。此外,CIC转移后的剩余资产必须继续用于社区利益或慈善目的,而不是分配给投资者。应该说,"资产锁定"有效地避免了社会企业的成员在机构清算时转移资产。

CIC可以进行利润分配,但是必须满足一定的要求。根据法律规定,CIC的利润动机主要通过三个"上限"来限制:"利润上限"(aggregate dividend cap)、"每股分红上限"(share dividend cap)、贷款"利率上限"(interest cap)。2005年CIC成立之初法律规定:利润分配的总额不得超过可分配利润的35%,"每股分红上限"比英格兰银行基准利率高出5个百分点,贷款"利率上限"比英格兰银行基准贷款利率高出4个百分点。2010年

4月,"每股分红上限"提升为20%,贷款"利率上限"改为上一年公司债务平均水平的10%。2014年,进一步放宽利润分配规定:取消"每股分红上限",贷款"利率上限"由10%提升到20%。

在英国,CIC既可注册为股份有限公司(CLS,约占22%),也可注册为担保有限公司(CLG,约占78%)。其中,CLS可以发行股份,进行分红;而CLG则不能发行股份,也不能向成员分红。对于以股份为基础的CLS,取消"每股分红上限",有利于吸引私人投资者的投资;而对于以借贷为基础的CLG,贷款"利率上限"由10%提升到20%,也有助于CIC更多地吸引贷款投资。总体而言,不断变化和修改的利润分配限制,为CIC创造了更大的灵活性,使其在保持公益属性的同时,最大限度地吸引投资。

3.3.1.3 总结

CIC明确追求公共利益,为社会企业提供了一个专用的法律框架和"品牌"。CIC允许社会企业利用有限责任公司的优势,将资产用于社区利益,而且不必面临像慈善机构一样严格的监管,操作也比慈善机构更商业,可以派发股息给股东,可以通过接受资助、捐赠、贷款和发行股份等多种方式筹集资金。而"社区利益测试"和"资产锁定"原则有效地维护了CIC的社会使命。但是CIC仍然要遵循一定的利润分配限制和透明度要求,融资灵活性上仍存在局限。

3.3.2 L3C

2008年4月,美国佛蒙特州通过了"低利润有限责任公司(L3C)"法案。L3C建立在传统的有限责任公司基础之上,也是有限责任公司的变形。它是一个营利性组织,但必须追求公益使命,它可以分配利润给投资者,但利润本身不是第一"重要"目的,实现社会使命才是首要目标。L3C有效地融合了有限责任公司的融资优势和非营利组织的社会使命,目前已经被美国九个州采用,还有几个州正在立法的过程中。下面介绍L3C在何种程度上满足了社会企业的需求。

3.3.2.1 追求慈善使命

L3C的首要目标是实现社会使命,这一目标高于它的利润目标。法律规定,L3C必须满足以下条件:①必须显著推进一个或多个公益或教育目标,而这些目标必须是国内税法法典所列举的公益目标之一;②增加收入或积累财富不是L3C的主要目标;③不得追求政治或立法目的。

3.3.2.2 促进"项目相关投资"

L3C实质上是为了促进美国私人基金会对营利性企业的"项目相关投资"(program-related investing, PRI),所以L3C附录特别反映了美国国税局对基金会项目有关投资的要求,以及完全符合"项目相关投资"的各项规定。在美国,私人基金每年必须至少将平均净资产的5%用于慈善事业,既可以进行一次性的慈善捐赠,也可以进行"项目相关投资",而"项目相关投资"的优势在于基金会可以分享投资回报。在L3C产生之前,大多数私人基金选择用慈善捐款形式来满足最低公益支出要求。而L3C立法在设计之初就契合了"项目相关投资"的要求,所以私人基金会很大程度上确信,对L3C的投资是合格的"项目相关投资",从而大大提升了其公益投资意愿,带动了私人投资者对公益领域的关注及投入。但是现实中"项目相关投资"的执行成本较高,而且如果国税局认为"项目相关投资"不合格,则可能威胁基金的免税身份。

3.3.2.3 促进"分层投资"

除促进了私人基金会的"项目相关投资"之外,L3C还促进了"分层投资"(layered investing)。与CIC限制投资回报率不同,L3C旨在用慈善目的吸引不同类型的投资者,既包括以营利为目的的投资者,也包括政府和基金会。不同类型的投资者分担风险,从而保证投资的市场回报率。具体而言,政府可以给予没有财务回报预期的补助,基金会可以进行有较小财务回报的投资,市场投资者可以提供债务或股权融资以赚取期望的市场回报,当然也要承担与市场水平相当的风险。低风险低回报的基金投资份额和高风险高回报的市场投资份额互相结合,这使吸引市场资本变得更加容易。

3.3.2.4 总结

L3C有助于创建一个公认的混合型组织模型和政府认可的社会企业品牌。它在实现社会使命的同时,吸引了基金会的"项目相关投资"以及以营利为目的的投资,使公司在融资方面更具灵活性。但作为一种新兴的法律形式,美国国税局并没有承认L3C符合"项目相关投资"的规定,这在一定程度上影响了私人基金会的投资。所以,私人基金会为避免遭到美国国税局的处罚,在对L3C的"项目相关投资"上进展比较缓慢。

3.3.3 B Corporation

2010年4月美国马里兰州首先通过了受益公司法例。如果说L3C是有限责任公司的衍生,B Corporation则是一个变化了的C类公司。但B Corporation不同于C类公司,它的目的是实现公共利益,董事会主要考虑业务决策对环境、客户、社区和员工的影响。B Corporation也是一个以营利为目的的组织,不具有免税地位。下面介绍B Corporation在何种程度上满足了社会企业的需求。

3.3.3.1 追求公共利益

与L3C不同,立法不要求B Corporation的社会目标超过利润目标,而是鼓励社会企业在追求利润的同时,追求环境效益和社会效益。整体上,B Corporation必须致力于追求一般公共利益。除了一般公共利益,B Corporation也可以选择追求"特殊公共利益":向低收入个人或社区提供福利产品或服务,创造经济机会,保护环境,改善人类健康,促进艺术、科学与知识进步,加快资本流向公共利益实体等。总体而言,B Corporation只是承担社会责任的企业,但董事会在决策中应考虑不同利益相关者,如股东、员工、消费者、社区等的利益。

3.3.3.2 高透明度和第三方标准

B Corporation 具有较高的透明度,并实行严格的问责机制。B Corporation 每年必须向公众和股东提交其创造公共利益和环境价值的详细报告,同时向社会公布。报告用来评估 B Corporation 在实现既定公共利益中的成功或失败经验,并考虑该决策对股东的影响。报告必须使用全面的、可信的、独立的和透明的第三方标准,股东和董事应当执行报告中的公共利益要求。在纽约州,报告内容包括:B Corporation 在此前一年中是如何追求一般公共利益的,创造了多少一般公共利益;是如何追求章程中规定的特定公共利益的,创造了多少特定公共利益;阻碍其增进公共利益的问题是什么;对社会和环境影响的整体评估。在某种程度上,第三方标准是 B Corporation 立法的核心,这一标准是确定、报告和评估 B Corporation 总体社会和环境绩效的工具。

3.3.3.3 总结

B Corporation 不仅有助于解决社会企业面临的诚信危机,而且还促进了董事会兼顾股东权益与公共利益,寻求促进环境或社会效益的商业决策,强调对利益相关者的关注。但与 L3C 相比,B Corporation 更接近于普通的营利公司,除了在法律上负有促进公共利益的义务之外,几乎在所有方面都类似于普通的营利公司。

3.4 未来社会企业形式

社会企业的法律形式具有复杂性和多样性,每一种法律形式既有优势也有不足。无论社会企业采用何种法律形式,都应该成为促进社会企业发展的工具,而不应阻碍其社会使命的实现、商业模式的应用以及多元化资

第 3 章
社会企业的千姿百态与殊途同归

金的获取。上述三种新兴的法律形式都是对纯营利性和非营利性组织形式的更正,尝试以不同的方式支持社会企业商业目标和社会目标的整合,为社会企业的发展提供了更多的合法性。但是这些新兴形式存在各种问题。

事实上,通过对社会企业新形式的弱点分析,可以得出一个结论,即它们没有很好地满足社会企业的法律需求:CIC的利润分配限制阻碍了社会企业灵活获取资本;L3C旨在吸引基金会和投资者的资金,但实际中吸收的基金会资金有限;B Corporation鼓励社会企业追求利润,但是没有解决使命捍卫问题。抛开这些弱势不谈,我们可以看到所有的新兴形式都鼓励社会企业履行社会使命,同时尽可能多地吸引资金,如CIC维护组织的社会使命,L3C追求多元化的投资,B Corporation使董事会考虑社会需求,而不是单纯追求利润。所以在未来,新兴形式的设计者将继续为之努力,更多新形式也将出现。

2012年,加利福尼亚州成为美国第一个授权成立"灵活目的公司"(Flexible-Purpose Corporation, FPC)的州。FPC的灵感来自早期的B Corporation形式,其不同之处在于它不需要一个普遍的公共利益,只要有一个特定的慈善或公共目的即可,从而使社会企业拥有了更大的灵活性。具体而言,FPC规定公司从事一项或多项传统非营利组织从事的慈善活动,并且其活动目的是为FPC的员工、客户、社区和环境带来积极影响。

除了FPC,2012年美国华盛顿州也开始实施一种新的社会企业形式——"特殊目的公司"(Special Purpose Company, SPC)。SPC与加利福尼亚州的FPC非常接近,允许营利性的公司追求一个或多个社会或环境目的,同时为股东创造经济价值。但是法律并没有对SPC的社会目的进行限定,而是让股东自己决定,这给了社会企业很大的选择余地。董事及高级管理者也无须每次在做决策时都考虑社会利益,法律允许董事会在他们愿意的情况下去考虑社会目的。此外,FPC也不必采用第三方标准来评估公司的社会贡献,从而为公司的管理和发展创造了更灵活的空间。

这些正在出现和即将出现的社会企业新形式,都为社会企业的形式选择提供了很好的借鉴。我们可以看出，虽然形式选择是一个难题，但归根结底，社会企业必须选择有助于融资增长的形式。如果社会企业只考虑采用非营利组织的形式，会限制其获取实现预期目标所需的投资资金，未能充分利用各种组织形式的优势。其实，绝大多数投资资金都存在于营利领域。社会企业需要吸引这些投资资金以实现规模扩大。所以随着越来越多的社会企业领导者追求扩大规模，将会有越来越多的企业采用商业股份公司、有限责任公司或合资企业形式，或者采用和开创一些新的形式，比如CIC、L3C、B Corporation、FPC、SPC 等。

根据不同行业的资本密集度以及可持续发展的资金需求，资本灵活性将成为形式选择的决定因素。美国加利福尼亚州的长荣旅舍（Evergreen Lodge）是灵活运用资本的一个典型代表。长荣旅舍的目标是为客户提供亲切和友好的服务、优质的产品和公共设施，以及一个了解优胜美地（Yosemite，美国西部的旅游景点）风景的机会。长荣旅舍的核心是青年计划，支持青年人就业，开发其潜能，以确保企业的"双重底线"。事实证明，向银行展示业务计划并不困难，从银行获取资金也比从基金会获取资金要快得多。所以长荣旅舍青年计划最终决定采用营利形式。

其实，无论社会企业在形式上是营利的还是非营利的，都必须有利润。"非营利"这个短语似乎暗示不营利是社会企业的一个可接受条件，或者暗示不追求利润是一种可接受策略。但其实，不管组织形式是营利的还是非营利的，在社会企业背景下，利润是世界上最不肮脏的词汇。正如非营利金融基金（Nonprofit Finance Fund）的总裁兼首席执行官克拉拉·米勒（Clara Miller）所说："你不让一个交税的企业盈利，该企业就无法正常运转，即使它可以不交税，也必须盈利。"事实上，很多社会企业没有实现持续盈利，这是不可取的。没有盈利能力，社会企业将继续依靠公共补贴，并且愈加赖以生存，社会企业将永远无法发展。

案例3.1

青芽运动

青芽运动（羽之爱）作为"恩派公益"和"三一公益"的孵化项目，是国内首家致力于为特殊残障儿童提供专业运动康复服务的公益性社会企业。其使命在于解决中国特殊残障儿童面临的缺乏运动环境和康复路径的社会问题。青芽运动的学员群体涵盖孤独症谱系、唐氏综合征、脑瘫、发育迟缓、罕见病等特殊残障儿童。

1. 创立

受国际通用的应用行为分析（ABA）原理和个别化教育计划（IEP）的启发，青芽运动创立了一套旨在满足特殊残障儿童需求的运动康复课程。这一课程的开发历时5年，以专项体育训练为核心，涵盖了篮球、游泳、羽毛球等多种运动项目。这些项目不仅注重技能和体能的提升，更着眼于通过运动锻炼来改善特殊残障儿童的生理健康状况。运动康复的过程不仅提供了医学循证的康复路径，也为这些儿童提供了一个全面的身体活动和运动体验，有助于促进他们的整体发展和生活质量的提升。除了身体方面受益外，这套课程还注重促进特殊残障儿童融入集体和社会。通过参与体育活动，这些儿童有机会与其他同龄人进行互动和交流，培养他们的社交技能和情感沟通能力，促进他们在社会中更好地融入和适应。

2. 发展

在发展方面，青芽运动已经取得了显著的成就。截至2023年11月，青芽运动已在中国建立了31个教学点，向11所特殊学校提供了公益体育课程。这些教学点的建立为特殊残障儿童提供了更广泛的学习机会和体育活动的参与空间，有助于促进他们的身心健康和社会融入。青芽运动所提供的累计服务时长超过2万小时,已经服务了约千名特殊残障儿童。除了服务特殊残障儿童外,青芽运动还积极履行社会责任,为贫困学员提供公益减免服务。这一举措不仅体现了青芽运动对社会弱势群体的关爱和支持,也展现了其在教育公平方面的社会责任担当。

3. 未来

青芽运动将致力于持续关注特殊残障儿童的康复需求,并深化其实践活动,以更好地满足这一群体的需求。其未来的发展方向将涵盖多个方面:第一,青芽运动将努力帮助更多特殊残障儿童享受运动乐趣,并获得健康体魄。通过设计针对不同残障类型的康复课程和运动项目,结合个体化的辅助设备和专业指导,帮助特殊残障儿童克服身体障碍,参与各种体育活动,并从中获得身心健康的益处。第二,青芽运动将致力于为特殊残障儿童家庭带来希望和改变。通过提供全面的康复服务、心理支持和家庭指导,帮助这些家庭更好地理解和应对特殊残障儿童的需求,增强他们的抗挫能力和支持系统,从而创造更加积极、健康的家庭环境。第三,青芽运动将努力创造更多积极的社会价值,通过与政府部门、社会组织、企业以及志愿者等利益相关方的合作,共同推动特殊残障儿童的权益保障和社会融合。

案例3.2

青聪泉

上海青聪泉儿童智能训练中心(以下简称"青聪泉")是一家为孤独症儿童和发育障碍儿童及其家庭提供专业性康复训练与辅导的非营利性机构,成立于2004年。在"理解、尊重、接纳、关爱"理念指引下,青聪泉为孩子们提供各种训练,并积极开展家长交流活动,大力倡导全社会都来关注孤独症儿童及其他特殊儿童,为他们建立一个更好的社会支持系统。如今,青聪泉依靠训练有素、分工明确的专业团队,以及适合中国孤独症儿童的早期康复课程,已为数百名孤独症儿童提供了早期康复训练服务。它的努力也得到了来自政府和社会的肯定与支持。

从发展历程来看,青聪泉刚成立的时候是在工商部门注册,启动资金完全靠创办人陈洁自筹。由于孤独症儿童康复的市场没有完全打开,青聪泉的收入非常有限。到2007年,巨大的资金缺口已经使青聪泉难以维持生计。最后,为获得基金会和政府的支持,青聪泉将公司性质转为民办非企业。非营利组织的形式使青聪泉转危为安,在内部建设、专业能力和社会资金等各个方面都获得了突破。

1. 加强内部建设

在内部建设方面,青聪泉形成了固定的组织结构,从上到下依次为理事会,院长,教务部、家长部、教学部、外联部、财务部等各部门,以及感觉统合组、认知组、评估组、教具组、音乐组等各组织,如图3.1所示。其中,理事会成员包括创办人、家长代表、心理专家、律师等,分工非常明确。理事会一年召开两次会议,院长定期向理事会述职。在财务方面,青聪泉本着财务公开透明的原则,从2008年起,每年在网站上向公众公布其一年的收入和支出,自愿接受社会的监督。

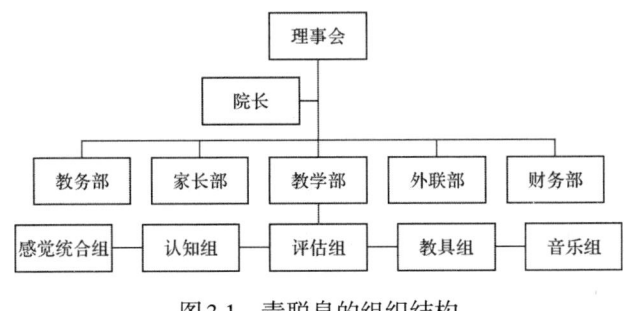

图3.1 青聪泉的组织结构

2. 提升专业能力

为提升专业能力,2008年12月,青聪泉从香港协康会引进了PEP-R评估工具,所有入馆训练的孩子都需先接受评估,然后根据评估结果制订训练计划,并在6~8个月后进行重新评估,以制定下一阶段的训练目标。此外,青聪泉还不断推进结构化教学法(TEACCH)的运用。结构化教学法是目前世界范围内较为系统、全面、成熟的儿童孤独症有效治疗方法。在青聪泉的感统课及全日班课程中,都运用了结构化教学方法,并在"上厕所""洗手"等环节中加入结构化程序。

3. 获取社会资金

青聪泉积极主动地投入社会资金的筹集活动中,如定期与街道联系和沟通,由街道出面向上海市慈善基金会、长宁区残联、长宁区妇联等争取资金和物品的支持;争取政府、企业和个人的捐款等。这些社会资金使青聪泉在获取服务性收费的同时,获得了更多的资金,从而解决了基本的生存压力。

虽然,非营利组织的形式为青聪泉的发展创造了机会,但是这种形式也并不完美。为了获取更多的资金和资源支持,青聪泉应该在实践中不断进步、不断突破。

第4章 社会企业的战略规划与应对变化

社会企业的项目在本质上是高度差异化的,因此很难适用于一个统一的框架。社会企业所在市场、行业、运营环境和目标人群等因素往往使其的项目变得独一无二。但不管是什么类型的社会企业,都需要一个商业计划,贯穿社会企业发展的始终。而作为一个标准化的工具,商业计划可以应用于大多数的社会企业类型。

由于社会企业采用商业企业的模式来获取经济利益,"业务可持续性""财务可行性""成本回收"已成为社会企业的重要组成部分。而目前社会企业与商业企业在运营业务方面也存在一致性。所以私营部门的工具和方法,正在应用于社会企业,以更好地服务于弱势群体。商业计划便是私营部门管理方法应用于社会企业的典型代表。

虽然商业计划源自商业企业,但并不意味着社会企业必须放弃社会目标。相反,商业计划应该成为帮助社会企业提高其影响力和绩效的工具。一个好的商业计划应该体现社会企业的使命、目标、文化和价值观,并为社会企业创造一个行之有效的工具以实现目标和使命。总之,商业计划应体现社会企业的目标,并制定一个全面的计划,以实现这些目标。

本章主要介绍社会企业如何制订和调整商业计划。在商业计划的制订部分,首先明确了社会企业商业计划的要求、流程和作用,然后以Q公司为例,具体分析商业计划各个组成部分的撰写方法。当然,没有一个商业计划是一成不变的,因此,社会企业的政策制定者要根据实际情况不断对计划进行调整。

4.1 社会企业战略规划

4.1.1 商业计划要求

一个好的商业计划能够传递社会企业的理念、目标。要做到这一点，商业计划应该包括以下方面。

(1) 说明重点：什么是社会企业的主旨？

(2) 确定目标市场：谁是社会企业的客户？客户在哪儿？客户有什么需求和欲望？

(3) 说明利益相关者的利益和需要：社会企业的捐助者、领导、员工、客户、管理者以及合作伙伴的基本利益是什么？他们的需要在社会企业中如何体现？

(4) 确认经营理念：社会企业的经营理念是如何应对市场变化的？为了在瞬息万变的市场环境中贯彻这一理念，社会企业会采用什么策略？

(5) 证明产品或服务有市场需求：是否有足够多的潜在客户？他们是否有足够的收入，并愿意支付社会企业的产品或服务？

(6) 发布真实的财务预测：社会企业的财务预测应清楚地表明社会企业能满足何种财务目标(也就是说，社会企业的收入是否能支付社会企业的成本)。

(7) 说明关键员工和管理人员的能力和经验：为了成功运营社会企业，何种技能和经验是员工和管理者所必需具有的？

4.1.2 商业计划流程

商业计划的制订可以分为两个部分：市场调研和创建实际的商业计划。

市场调研应根据研究的深度选择调研方法，如访谈、问卷调查等。在一定程度上，市场调研所需的时间受产品或服务的数量、目标市场的位置、

第4章
社会企业的战略规划与应对变化

行业复杂性、竞争和运营环境等的影响。我们强烈建议社会企业不要在市场调研上走捷径,因为市场调研不足可能导致社会企业项目的失败。

商业计划制订是一个过程,需要充足的时间、精力和资源,需要协调关键参与者和利益相关者的可用时间。如果计划举行一系列研讨会、小组讨论,则需要6~8周才能完成商业计划,因为达成共识需要时间。更重要的是,可能需要回去做额外的研究。总之,给自己充裕的时间,其中包括几周的应急时间。

4.1.3 商业计划作用

商业计划是社会企业的路线图,指导利益相关者和员工对社会企业进行管理,最终实现计划的目标。作为一种工具,商业计划分配资源并测量结果,可以帮助社会企业进行决策。缺乏计划容易导致社会企业无法预测未来必须采取的行动,不利于社会企业的运行。具体而言,商业计划的作用如下。

4.1.3.1 设计作用

商业计划帮助社会企业进行设计和干预,在给定的环境下确保社会企业的项目是现实的、可行的。设计一个商业计划,如分析市场、经营环境、执行伙伴的能力,以及确定金融需求,有助于社会企业从整体上检查其项目,用客观、批判的视角确定项目是可行的,以及如何才能最好地实现它。

4.1.3.2 战略规划作用

对商业计划的检验,有助于社会企业进行自我评估和竞争力分析,帮助社会企业制订战略规划。如果社会企业想要在竞争激烈的市场中生存,战略思维是必要的。商业计划有助于社会企业与竞争对手开展竞争,检验自身的市场地位,并根据市场变化来制定战略决策。

4.1.3.3 绩效测量作用

商业计划是指导社会企业进行项目管理的有效工具。商业计划允许社会企业家设定实际的目标,并提供测量工具检验项目绩效。用商业计划作为测量绩效的工具有助于社会企业家基于社会企业的真实绩效修改未来的目标。

4.1.3.4 沟通作用

商业计划将社会企业的使命、目标、目标实现方法传递给员工、领导者、客户和捐赠者。通过展示社会企业的明确方向,以及为实现目标而构思的战略,有助于获得潜在合作伙伴和投资者的信任。

4.1.3.5 财务作用

商业计划也有助于财务管理。计算收支平衡点可以明确社会企业需要获取多少收入以覆盖成本,并且为社会企业提供了产品和服务定价的基础。此外,财务计划通过分析社会企业的启动资金、运营成本和收入,展示了社会企业的经济实力。

4.1.3.6 管理作用

对社会企业项目管理团队而言,商业计划是重要的。他们需要不断参考商业计划,以确保社会企业没有偏离方向。商业计划准确地反映了市场变化。创建、重新审视和完善商业计划磨练了管理团队的批判性思维和分析、决策能力,使管理团队可以有效地解决不断变化的市场问题。

4.1.3.7 人力资源管理作用

精心制定的社会企业使命、明确的目标,以及完善的计划是凝聚和激励团队的关键。如果工作人员、管理者和领导者不知道他们正试图达到什么目标,则无法高效地开展工作。商业计划的目标和产出可以用于创建人力资源计划,也可以用于测量个人和集体的绩效。

4.1.3.8 营销作用

商业计划的市场细分提供了重要的信息,从中派生出社会企业的营销计划。市场调研可以找出社会企业的客户是谁,他们的位置以及区分他们的喜好、需求和欲望。营销计划作为一个战略指南,通过促销、产品改进,以及价格和销售渠道的变化吸引消费者。

4.1.3.9 捐赠者和投资者指导作用

在私营部门,商业计划可以用来吸引投资者的资金。社会企业的商业计划也是各种各样的投资者验证社会企业投资可行性的手段。商业计划提供了社会企业的经营理念,以及关于未来盈利能力的实际预测。完善的商业计划是投资者进行投资的最好指南。

4.1.4 商业计划组成部分

商业计划由一系列围绕愿景和使命的计划组成。具体如下所示。

- 摘要；
- 愿景、使命、目标和社会企业说明；
- 目标市场；
- 业务评估；
- 运营环境；
- 营销计划；
- 运营计划/生产计划；
- 人力资源规划；
- 财务计划；
- 总结。

本节以Q公司为例来介绍商业计划各个组成部分的制订方法和技巧。Q公司是海地农村柯林地区的一个食品加工社会企业。其业务是将农产品——花生和水果,制成花生酱、果酱和果冻。Q公司开始是作为"救助儿童"(save the children)的一个项目出现的,旨在将农村的产品连接到商业市场,后来逐渐演变成一个社会企业。

4.1.4.1 摘要

摘要是对商业计划的概述。社会企业必须通过对一些问题的简短陈述来吸引阅读者的注意力,比如社会企业的方向和目标、如何实现这些目标、需要哪些资源等。请注意,这一部分应当放在最后来写,因为只有完成整个计划过程,才能解决这些问题。

4.1.4.2 愿景、使命、目标和社会企业介绍

一个清晰的愿景及使命说明、目标和社会企业介绍是商业计划的起点。愿景是引导社会企业并激励利益相关者的理念,说明社会企业期望实现的宏大理想;使命提供了社会企业实现中心目的的方向;目标则给出社会企业发展过程中的具体里程碑。社会企业介绍阐明了社会企业的概况。这些基本问题涉及社会企业计划的每个部分,对它们的清晰说明有助于社会企业平衡社会目标与经济目标。

(1)愿景说明

愿景描绘了社会企业的长期目标和最终发展方向。一般而言,愿景说明应该简洁明了地传达一种向上的理念,以激励社会企业的利益相关者。此外,愿景应该相对稳定,一个愿景说明的正常使用年限是10~20年。当社会企业实现了该愿景,或者想要调整愿景时,可以对愿景说明进行调整。愿景说明的一般问题如下:

- 社会企业10年内的愿景如何?
- 社会企业希望如何实现这一愿景?

示例1:Q公司的愿景说明
通过社会企业提高海地农村地区妇女的生活水平。

第4章
社会企业的战略规划与应对变化

(2)使命说明

使命说明是社会企业的核心。使命描述了社会企业的中心目的,阐明了社会企业要实现的战略目标,体现了社会企业的价值观和发展方向。使命同时定义了社会企业要帮助的人群。如果将商业计划视为社会企业的路线图,使命则是社会企业的方向标。使命说明一般要解决五个问题:"为谁"(for whom)、"为什么"(why)、"是什么"(what)、"如何"(how)、"是谁"(who)。

> 示例2:Q公司的使命说明
>
> 为了增加海地农村地区妇女的收入和经济机会,通过创建一个财政上自给自足的社会企业,为妇女提供商业化服务,加强她们与市场的联系,使她们可以提供高品质的产品。

(3)目标说明

目标是社会企业想要实现的最终结果。目标通常是一些量化的指标,推动社会企业在固定的时间范围内完成其使命。目标的时限设置应考虑可行性。营销目标、人力资源目标、生产目标等分目标都来自社会企业的总目标,运营战略也建立在总目标之上。目标必须同时满足社会企业的双重底线,所以目标可分为两类:社会影响目标和财务可行性目标。不论何种类型,目标都应该满足"SMART"需求:

- 具体的(specific)——明确界定,清晰说明;
- 可测量的(measurable)——可量化的或可计算的;
- 可实现的(achievable)——在当前情况下是现实的;
- 相关的(relevant)——支持使命实现;
- 有时间限制的(timebound)——不是无限期的,必须设定实现时间。

A.社会影响目标

社会影响目标衡量社会企业的使命。其中,规模和收入水平是两个"SMART"目标。

- 规模——受益人群(穷人、无家可归者、智力障碍人群等)的数量。规模如何量化取决于社会企业的目标,往往表现为服务的人群数或创造的工作数。
- 收入水平——受益人群的纯收入水平。它可以采取工资或利润分配的形式。

B.财务可行性目标

财务可行性目标是指社会企业双重底线中经济利润的获取。

- 成本回收——社会企业支付成本的能力。成本回收通常表示某一时期内总收入占总支出的百分比。例如,25%的成本回收是指总收入覆盖了25%的成本。
- 净利润或亏损——社会企业的盈利能力。正数表示利润,负数表示亏损。净利润/亏损反映在损益表中的最后一行。
- 成本效率——社会企业每个个体创造的价值,往往量化为每个个体的净亏损或利润。如果成本效率的数值是一个负值,代表每个个体为社会企业带来的亏损;如果成本效率的数值是一个正值,则表示每个个体所产生的利润。

示例3:Q公司的目标说明

Q公司目标设定的时间期限是7年。

1.社会影响目标

(1)规模

Q公司受益人群规模如表4.1所示。

表4.1 Q公司的受益人群规模

年 份	1	2	3	4	5	6	7
目标人群/人	120	144	173	207	249	199	358

(2)收入水平

Q公司为每个受益人建立了以下收入水平目标,如表4.2所示。

第4章
社会企业的战略规划与应对变化

表4.2　Q公司为每个受益人建立的收入水平目标　　　单位：美元

年　份	1	2	3	4	5	6	7
月收入	67	73	78	85	91	98	106
年收入	804	876	936	1020	1092	1176	1272

2．财务可行性目标

(1)成本回收(见表4.3)

$$成本回收 = \frac{总收入}{总支出} \times 100$$

表4.3　成本回收　　　单位：美元

年　份	1	2	3	4	5	6	7
总收入	15000	45000	95000	145000	190000	215000	235000
总支出	150000	265000	280000	285000	270000	225000	185000
成本回收	10	17	34	51	71	96	127

(2)净利润(见表4.4)

净利润＝总收入－总支出

表4.4　净利润　　　单位：美元

年　份	1	2	3	4	5	6	7
总收入	15000	45000	95000	145000	190000	215000	235000
总支出	150000	265000	280000	285000	270000	225000	185000
净利润	－135000	－220000	－185000	－140000	－80000	－10000	50000

(3)成本效率(见表4.5)

$$成本效率 = \frac{净利润}{受益人群}$$

表4.5　成本效率　　　单位：美元

年　份	1	2	3	4	5	6	7
净利润	－135000	－220000	－185000	－140000	－80000	－10000	50000
受益人群	120	144	173	207	249	199	358
成本效率	－1125	－1528	－1071	－675	－322	－33	140

(4)社会企业说明

社会企业说明定义了社会企业的身份。它用简要的形式描述了社会企业的业务性质及其成功的关键因素。社会企业的业务性质包括社会企业选择该业务的理由、客户及市场需求。成功的关键因素往往可以转化为社会企业的优势,如满足客户需求的能力、提供产品和服务的有效方法或高素质的员工。总体而言,社会企业说明只是一个概述,一两页的描述就已足够,商业计划的其他部分将对社会企业展开更详细的论述。

社会企业说明包括:

- 创立时间;
- 企业名称;
- 所属行业;
- 产品或服务清单;
- 法律形式;
- 位置;
- 业务性质描述;
- 关键成功因素;
- 服务供应商名单;
- 管理和领导能力介绍;
- 设施或设备介绍;
- 企业财务状况;
- 企业历史;
- 未来计划。

示例4:Q公司说明

创立时间:1997年5月。

企业名称:Q公司。

所属行业:制造业/食品加工业。

产品清单:Mamba花生酱、Chadèque柚子酱、Grenadia百香果酱、Karapinia糖花生。

法律形式:NGO。

第4章
社会企业的战略规划与应对变化

位置:柯林(Colline),农村。

业务性质描述:Q公司通过出售柯林农村地区贫困妇女生产的产品,为她们提供就业机会,赋予她们管理和生产技能,并提高她们的收入,除此之外,还为海地家庭提供高营养、高品质、高价值的食物。

关键成功因素:所有的原材料都来源于国内;所有生产、管理、销售人员都来自柯林地区;市场营销和销售人员支持Q公司的社会使命;Q公司是一个对社会负责的社会企业。

服务供应商名单:ADE协会。

管理和领导能力介绍:外籍商务顾问;生产经理有11年半的食品生产经验;财务总监具有丰富的管理经验。

设施或设备介绍:两个生产中心,一个用于花生产品生产,一个用于果酱生产;两个原料储藏室;两种磨床资助。

企业财务状况:Q公司获得了50万美元补助,用以承担运营成本。补助结束后,其他捐赠也是必需的,Q公司试图在7年内实现盈利。

企业历史:Q公司最初通过分散式方法进行产品生产。事实证明,这种生产方式无法满足客户对高品质产品的需求。因此,Q公司转向一体化的生产方式。新的集中模式保证了产品质量,实现了规模经济和成本节约。

未来计划:促进产品标准化,加强质量控制;通过集中生产和批量采购节约成本;在大城市市场进行产品渗透;继续增加妇女收入。

4.1.4.3 目标市场

缺乏良好的目标市场一直是无数社会企业计划失败的原因。社会企业必须了解目标市场的特点、需求、喜好,以及购买原因。

(1)确定目标客户

社会企业在市场上有几类不同的客户群体,可能是非营利组织、个人,也可能是企业。将更大的市场划分成具有共同特征的更小单位被称为市场细分。市场细分有助于社会企业找准自己主要的目标客户。

- 社会企业的客户是谁？谁支付社会企业的服务或产品？
- 社会企业的潜在客户是谁？
- 哪些客户是最重要的？
- 确定客户最重要的标准是什么？

示例5:Q公司客户介绍

Q公司的客户主要是花生酱和果酱消费者。购买花生酱和果酱的首先是杂货店和便利店。因此,批发给零售商是拥有大量客户的最好手段。直接出售给单位或个人的数量较少,虽然有更高的利润率。在确定客户重要性方面,销量、利润率是两个重要指标(见表4.6)。

表4.6 Q公司客户介绍

一级市场	二级市场	三级市场
零售商	单位	个人

指标:(1)销量;(2)利润率

(2)市场规模和发展趋势

A.市场规模

对社会企业的发展而言,客户市场必须足够庞大。如果市场太小,社会企业不会有足够的客户,无法有利可图;但市场越大,意味着竞争越大。大多数社会企业没有市场统计信息,因此,确定市场规模的大小将在很大程度上依赖直觉和观察,或者需要开展额外的市场调研。

B.市场趋势

评估市场发展的未来趋势同样重要,这样做有助于社会企业应对不断变化的市场环境,并及时做出反应。经济环境好转或衰退、医疗保健意识增强、进口产品的增加、劳工问题等,都会影响社会企业的目标市场。

市场规模与发展趋势调查:

- 社会企业的目标市场有多大?
- 目标市场增长速度如何?
- 目标市场可能有何变化?
- 这些变化如何影响客户行为?

示例6:Q公司市场规模和发展趋势

1.社会企业的目标市场有多大?

当地有800万居民。据估计,10%~15%在超市购物,因此,目标市场为80万~120万元在超市购物的当地居民。

2.目标市场增长如何?

通过当地超市的增长数字来推算,保守估计,目标市场正以每年5%的速度增长。

3.目标市场可能有何变化?这些变化如何影响客户行为?

更加注重购物的便捷性——注重产品的便携性;

日益增长的健康意识——注重产品的全天然、低热量;

受教育水平越来越高——注重产品营养;

喜欢进口食品——青睐与进口品牌类似的产品。

4.1.4.4 业务评估

业务评估将分析社会企业的优势(strengths)和劣势(weaknesses),它们将影响社会企业实现目标的能力。优势是促使社会企业根据客户的需求有效地提供产品或服务的因素。优势令社会企业区别于竞争对手,防止竞争对手模仿该社会企业的产品或服务。社会企业的优势往往包括:熟练的员工、良好的信誉和充足的资源等。弱势可能是导致社会企业业绩不佳的因素。社会企业的弱势往往包括:过时的技术或设备、质量差、控制薄弱等。要注意,社会企业的优势可以变成劣势,反之亦然。一般我们根据两种不同的观点来评估社会企业的优势和劣势:①客户对产品/服务、品牌和声誉的看法;②利益相关者和管理者对社会企业运营的看法。

(1)客户看法

- 产品/服务特性:产品或服务的功能是否能满足客户的需要?
- 价值:产品或服务是否具有很大的价值?
- 质量:产品或服务的质量是否高于市场同类产品或服务的质量?
- 声誉/品牌知名度:产品或服务的声誉如何?是否广为人知?
- 社会形象:社会企业的形象如何?是否关注环境、公平交易等社会问题?

(2)利益相关者和管理者看法

- 使命说明:社会企业是否有一个明确的使命说明,使命说明是否体现了其精神和价值观?所有主要利益相关者是否对使命说明达成共识?
- 资源:社会企业是否有足够的资源来满足客户需求?社会企业是否有充足的营运资金?
- 合作关系:社会企业是否有足够多的合作伙伴?是否有正式的合作协议列明合作条款?
- 基础设施:社会企业的基础设施是否能满足运作需求?
- 产品/服务组合:社会企业提供的产品和服务能否互补?不同产品或服务是否存在市场重叠?
- 运营效率:社会企业的运营效率如何?社会企业降低产品或服务单位成本的能力如何?
- 位置:社会企业的地理位置是否接近目标市场?
- 客户关系:社会企业的管理者和工作人员是否与客户建立了良好的关系?
- 人力资源:社会企业的工作人员和管理者是否具有必要的技能、经验,可以有效运营和管理社会企业?
- 领导:社会企业领导人的能力如何?是否能有效解决冲突?

- 结构：社会企业的组织结构是否清晰？所有权是否被明确界定？

示例7：Q公司业务评估（见表4.7）

表4.7　Q公司业务评估

项　目	优势	劣势	说　明
1.客户看法			
产品/服务特性	S	W	S—柚子酱，W—花生酱
价值	S		Q公司具有双重价值
质量		W	产品质量控制较弱
声誉/品牌知名度		W	Q公司品牌并没有广为人知
社会形象	S		具有社会责任
2.内部运营			
使命说明		W	难以平衡经济目标与社会目标
资源	S		经费支持
合作关系	S		ADE协会等
基础设施	S	W	S——有生产中心，W——缺乏沟通设备
产品/服务组合	S		花生酱和果冻是互补产品
运营效率		W	分配系统效率低
位置	S	W	S——接近生产者，W——远离目标市场
客户关系	S		良好的客户关系
人力资源		W	缺乏市场营销经理和技术专家
领导	S		有魅力的领导
结构	S	W	S——类似商业企业运营，W——所有权不清晰

4.1.4.5　运营环境

机会（opportunities）和威胁（threats）是社会企业面临的外部影响因素。运营环境有时为社会企业的发展创造新的机会，有时又威胁其成功。确定潜在的机会有助于社会企业充分发挥自身优势，实现预期目标；而识别潜在的威胁则可以帮助社会企业避免失败，最大限度地减少外部因素的负面影响。机会是社会企业在当前或未来的环境中能够转换为优势的因素。例如，发达国家降低对发展中国家的进口关税，有助于来自发展中国家的社会企业出口产品、扩大市场。威胁是当前或未来可能损害社会企业的因素。例如,健康和安全法规对于包装的要求提高,可能对社会企业的生产方法和密封技术提出更高的要求,提高了社会企业的运营成本。请记住,机会也可以是威胁,反之亦然。一般而言,社会企业的运营环境主要由以下因素构成。

- 法律和监管政策:政府政策或法律是否完备?对社会企业的运营有什么影响?
- 经济环境:经济状况如何,是改善还是变糟?在通货膨胀时期产品或服务的需求是否下降?是否有贸易壁垒阻碍社会企业发展?
- 政治环境:政治环境是否影响社会企业运营?政治不稳定是否影响客户消费习惯?
- 地理环境:社会企业所在地区地形如何?社会企业的产品和服务是否受天气影响?
- 运输和通信:公共交通条件如何?通信条件是否足以满足社会企业的业务需求?
- 市场:社会企业的产品或服务是否有市场需求?目标市场规模如何?目标市场增长趋势如何?
- 技术:技术落后是否导致社会企业丧失竞争力?哪些可用技术可以帮助社会企业降低生产成本?
- 原材料:社会企业是否有充足的原料供应?社会企业的原料来源是本地还是外地?供应商是否可靠?是否有替代原材料?
- 人口因素:人口因素(年龄、性别、职业等)是否影响其产品和服务购买?

示例8:Q公司运营环境(机会O和威胁T)

高标准的产品质量要求(T):以家庭为基础的生产模式无法满足产品标准化和质量控制的需求。

加工产品需求不断增长(O):主要生产加工食品,存在消费市场。

第4章
社会企业的战略规划与应对变化

进入门槛低(O/T)：容易启动/存在大量竞争。

基础设施和安全(T)：农村路况差。

食物转化知识(O/T)：现有知识满足花生酱和果酱的生产/无法满足高标准的城市市场。

可用原料(O/T)：当地种植的柑橘类水果很丰富/花生短缺。

缺乏行业信息(T)：无法了解行业发展趋势。

增加的社会责任意识(O)：容易受零售商关注。

4.1.4.6 市场营销计划

市场营销是将商品和服务提供给客户的战略过程，是社会企业在目标市场实现自己营销目标的一组工具和技术。营销是很重要的，因为它几乎包含了社会企业的所有方面。营销可以被形容为"4Ps"(product, price, promotion, place)。产品(product)是指社会企业提供的产品和服务，包括质量、分类、包装和保管等特征；价格(price)是指社会企业为产品或服务向客户收取的金额；促销(promotion)是指社会企业如何将产品或服务推向市场，如广告、宣传和销售推广；分销(place)是指社会企业如何将产品或服务分配给批发商、零售商和销售代表。现实中，营销计划会着重强调某些方面。

一旦提出了社会企业的目标，就可以制定营销组合策略。市场营销目标将引导营销计划的发展，有助于实现整体业务目标，如销售目标有助于实现成本回收目标。一般而言，营销目标必须具有如下特点：

- 清晰；
- 可衡量；
- 可实现；
- 有时间安排；
- 包含销售预测。

示例9:Q公司营销目标(1999年4月至2000年4月)

1. Q公司品牌知名度提高50%

2. 销售收入达到58976美元

3. 销售62500单位产品

4. 每个产品实现16%的平均毛利率

4.1.4.7 运营/生产计划

商业计划的运营部分关系到社会企业的日常运作。运营计划专注于社会企业的管理及生产过程,有助于社会企业提高效率,增加产量,并降低成本。运营或生产计划对制造产品的社会企业是至关重要的。服务企业也必须有一个良好的运营计划,以确保有效地管理社会企业。一般而言,运营计划是一系列实现运营目标的战略,包括生产、调度、信息流动、库存管理、质量控制、研究开发和预算等。

运营或生产目标指导社会企业经营,并确保朝着实现社会企业整体业务目标和社会目标的方向前进。运营目标一般表示为:①生产数量;②生产成本;③产品或服务改进;④产能;⑤过程变化。运营目标经常要使用营销计划制定的营销和销售目标。同样地,它们也受产品和价格策略以及季节性的影响。

示例10:Q公司运营/生产目标

1. 实现产品标准化

2. 提高质量管理

3. 根据消费者不断变化的需求进行必要的改变

4. 降低生产成本

5. 生产62500个单位产品

4.1.4.8 人力资源管理计划

人力资源是每一个企业的心脏。考虑到社会和经济目标之间的紧张关系,高素质的人力资源是确保社会企业成功的关键因素。社会企业的人力资源通常都不是通才,有"小额贷款"经验的专业人士,往往没有财务和业务管理经验。所以,一个成功的社会企业需要系统的人力资源战略规划。

人力资源图表是帮助识别社会企业所需员工的重要工具。此外,它还可以作为社会企业招聘计划和人力资源预算的基础。一般而言,社会企业需要的人力资源包含管理者和员工两类。管理者主要是指部门经理和总经理。部门经理负责某些具体业务功能(运营/生产、人力资源、财务、管理信息系统、市场营销、销售等)。如果社会企业规模比较小,就没有必要每种业务功能都配备一个部门经理。此外,社会企业还需要一个负责所有功能的总经理。岗位员工是支持部门经理和总经理的人员,如生产或销售代理及生产工人,岗位员工可以有监督和管理职责,但他们不是部门经理。行政员工协助社会企业专业工作人员进行工作,包括秘书、司机、快递员、门卫、行政助理等。

示例11:Q公司人力资源岗位需求(见表4.8)

表4.8　Q公司人力资源岗位需求

人力资源	需要人数	目前员工数	还需雇用数	从合作伙伴中调派
管理				
业务经理	1	√		
人力资源总监	1			√
市场营销				
市场营销经理	1	√		
销售代理	5	2	3	
生产				
生产经理	1	√		
生产代理	4	√		
采购代理	1	√		
库存管理员	1	√		
后勤人员	1	√		
研发代理	1	√		

续表

人力资源	需要人数	目前员工数	还需雇用数	从合作伙伴中调派
生产工人	120	85	35	
财务				
财务经理	1			√
会计	1	√		
信息系统管理人员			√合同承包	
行政				
行政助理	1	√		
秘书	1			
司机	1	√		
门卫	2	√		

4.1.4.9 财务计划

财务计划反映了商业计划其他部分做出的决定。例如，销售计划会标明产品或服务的销售价格，营销计划会标明广告的类型和频率。这些销售计划、营销计划以及人力资源计划都与数字相关，这些数字合并计算时便形成了财务计划的基础。财务计划包含四个关键的金融工具：资产负债表、损益表、现金流量表以及预算。

财务计划的目标必须纳入社会企业的首要目标。事实上，不同的财务目标之间存在较大部分的重叠，如成本回收或净利润与亏损之间。财务计划应该向管理者和业务顾问提供有价值的信息。例如，Q公司使用盈利能力、效率和流动性作为实现其可持续发展目标的基准。社会企业一定要选择适合社会企业的财务目标。现实中，社会企业可以通过以下两种方式确定财务目标。

(1)自下而上。这种方式适用于新企业。社会企业根据市场营销、运营和人力资源计划中的预算，计算财务计划的总收入和总支出。如果该目标在规定时间内无法实现，则应调整市场营销、运营和人力资源计划，直到财务目标具有可行性。

(2)自上而下。这种方法适用于有一年以上运营经验的社会企业。社

第 4 章
社会企业的战略规划与应对变化

会企业选择一个"大概"的目标,然后分配到市场营销、运营和人力资源计划中去。根据需要,社会企业也需要调整目标以确保它是可以实现的。

无论社会企业采用自下而上,还是自上而下的方式来建立其财务目标,都要确定财务目标的可行性。社会企业家可以采用多种方式来考察其财务可行性。在学者看来,当社会企业不再需要外部补贴时,它才会被认为在财政上是可行的。当然,此时社会企业可能仍然需要贷款或其他投资以支持其业务营运。

示例12:Q公司财务目标

对Q公司而言,成本回收和净利润/亏损直接体现财务可行性的目标。第7年,Q公司的成本回收率预计为127%,净利润为5万美元。

4.1.4.10　总结

商业计划的总结部分提供一个简短的最终陈述。很多商业计划没有这一部分,误以为摘要就是总结,但两者的区别在于,摘要是一个缩减型商业计划,而总结是一个最终的声明。

4.2　社会企业应对变化

社会企业有一个好的计划非常重要。然而,社会企业要想达到改变世界的规模,随时调整计划也同等重要,格里斯通面包店的发展即是计划调整的结果。在早期,面包店的主要业务是小规模地制作糕点,为修道院获取收入。修道院的创始人伯尼·格拉斯曼(Bernie Glassman)在社会创业网络组织的小组会议上,碰巧认识了班杰利公司的本·科恩(Ben Cohen)。二人萌生了一个主意,让格里斯通面包店为班杰利公司做布朗尼蛋糕。正如约翰·列侬(John Lennon)说的:"一切都发生在计划外——这就是生活。"当

社会企业忙着制订商业计划时,会发生如下事情:

- 员工进来或离去/员工能力发展或停滞——所以社会企业的能力或专长发生变化;
- 新的竞争浮出水面/旧的竞争日趋消亡——所以社会企业面临的竞争局势发生变化;
- 旧的技术变陈旧/新的技术带来破坏性的创新——所以社会企业发现自己处于领先或衰退边缘;
- 投资者是变幻无常的——所以社会企业获得的资金有时减少,有时增加;
- 经济繁荣或衰退——所以消费者或供应商的心理出现波动;
- 商品市场出现波动——所以原材料价格上浮或下跌;
- 成功带来更大的成功,失败带来更大的失败——所以社会企业昨天和今天的表现影响明天的成功或失败。

有些人可能会说,社会企业可以建立应急预案来减轻变化的影响,然而,应急预案并不是万能的。为了更好地促进社会企业的发展,社会企业可以借鉴一些实践经验。

4.2.1 关注愿景

大愿景和小计划是社会企业应对环境变化的有效战略,社会企业应将时间和精力放在研究、明确并完善企业的整体愿景上。例如,大爆炸公司(KaBOOM!)的愿景是:"让美国每个孩子都能在附近找到一个可以玩的好地方。"美国福利科技公司的愿景是:"确保技术完全服务于人类。"一旦社会企业建立了这些宏大的愿景,整个组织的创造力会得到更多激发,而不再根据变化不断调整。

第 4 章
社会企业的战略规划与应对变化

4.2.2 协调关系

社会企业的计划包括生产、销售、营销、财务以及人力资源等各个方面，对应于社会企业的各个部门。当外部环境发生变化时，社会企业可以借助计划来协调各个部门间的资源分配。所以，计划的各个组成部分并不是互相孤立的。每个子计划的变动，都会对全局产生影响。社会企业的管理者应从整体出发，将计划作为协调资源分配和人员关系的工具，更好地激发社会企业的集体能量。

4.2.3 追踪信息

实时信息对社会企业的发展至关重要。社会企业在制订计划后，应定期对其包含的关键信息进行搜索、追踪。如目标市场的变动、市场趋势的变化等，社会企业都应在第一时间察觉，这样才能更好地对变化做出应对。所以，社会企业并不是制订计划后便一劳永逸了，要想在市场竞争中获得关键竞争优势，还需根据计划不断追踪关键信息，全方位感知市场变动的脉搏。

4.2.4 不断学习

社会企业家应该多学习行业知识，多阅读行业刊物，多参加贸易展览，多阅读博客和论坛，并且加入私人董事会。除此之外，社会企业家应该成为自己所在的行业领域的专家。事实上，学习更多行业知识比学习社会企业法律知识更为重要。

4.2.5 变动计划

如果一个计划不能执行，必须不断地对其加以调整，而不是每年或每三年从头开始重建。当重构资源（Rebuild Resource）公司开始采用互联网作为其关键营销手段时，原先制订的年度营销计划模式已不能跟上现实发展的步伐。计划模式需要更加具有活力，所以重构资源公司尝试滚动营销计划模式。

4.2.6　做正确的事

作为一个思想者和实践者，社会企业家的一生主要用于制定决策和执行决策。如果拥有完美的数据和无限的思考时间，社会企业家或许可以做出最完美的决策，当然，这一前提并不现实。所以，社会企业家需要做到更好，并且一遍一遍地去做。如果社会企业家能始终如一、坚定不移地遵循这一原理，社会企业就会在市场竞争中幸存下来。

案例4.1

倾音

倾音（voice changer）是以发音障碍者（唇腭裂、听障、孤独症、唐氏综合征、口吃等）为服务对象，依托播音与主持艺术及其他相关专业优势，为发音障碍者进行语音矫正的项目。项目聘请了播音学、语言病理学、言语康复学、康复医学等相关专业的学生志愿者，并对接各地医院，定期开展针对发音障碍者的语音矫正训练，帮助发音障碍者改善发音不清晰的状况，致力于让发音障碍者重新拥有"好好说话的权利"。倾音作为一家社会企业，不断应对着外部环境的变化，以确保自身的可持续发展。面对市场变动，倾音制订了灵活的变动计划，包括不断优化服务流程，提升服务质量，以及开发新的服务领域。倾音注重与各方合作，积极寻找新的合作伙伴，拓展服务范围，以满足不断增长的市场需求。同时，倾音也不断加强内部管理和团队建设，培养专业化的师资队伍，提高组织的整体运营效率。倾音坚持以社会责任为导向，保持公益板块的运作，为经济困难的言语障碍者提供支持，促进社会的

第4章
社会企业的战略规划与应对变化

公平与包容。通过不断应对变化,倾音不仅实现了自身的可持续发展,也为言语障碍者带来了更多的希望和改变。

1. 产生

倾音的发展源于杜心童对社会责任的认识和对言语障碍群体的关注。2015年,杜心童作为一名大一新生,参与校内公益活动,并意识到现有的公益方式存在着不考虑受助人真正需求的问题。在一次偶然的医院经历中,她与一位9岁的小姑娘交流,了解到小姑娘因为言语障碍而受到困扰。这一经历让杜心童深感心疼,萌生了帮助言语障碍者的愿望。她意识到言语障碍是一个被忽视的社会问题,决心从受助者的需求出发,创立一个能够真正帮助他们的组织。在与医患沟通中,杜心童发现了言语矫正与播音技巧的契合,这让她开始构想能够通过专业培训的方式,让大学生成为言语矫正志愿者,为言语障碍者提供帮助。于是,她萌生了创立公益社团的想法,并决定以此为契机帮助更多的言语障碍者。2016年,杜心童创立了倾音公益社团,以帮助言语障碍者拥有"好好说话的权利"为使命。

2. 实施

2016年,倾音成立后,杜心童带领团队进行了大量调查和咨询,了解到中国专业的言语矫正行业几乎空白,于是决定自行开展语训营。2017年1月,倾音进行了第一期语训营,尽管内心忐忑,但志愿者们的努力让一名小男孩成功地说出了"爸爸,我爱你",这一时刻让团队备受鼓舞。随着倾音的发展,杜心童意识到单纯的公益援助模式无法持续支持组织的发展。2018年,她参加了哈佛大学的社会创新夏令营,开始思考如何将倾音打造成一个更具可持续性的组织。在夏令营中,杜心童受到启发,决定将倾音转型为社会企业,并开始探索商业模式的建立。倾音不仅坚持保留了公益板块,继续为经济困难的言语障碍者提供支持,同时开始通过收费服务来实现自我造血。

3. 未来发展

倾音的未来发展充满着希望和挑战。转型为社会企业后，倾音面临更多的压力和责任，需要在商业运营和社会责任之间找到平衡点。杜心童意识到，倾音需要进一步提升专业化师资与课程体系，突破多部门的辖区限制，同时加强销售和市场推广等方面的能力。未来，倾音将继续致力于解决言语障碍者的问题，为他们提供更广泛、更优质的服务。倾音计划通过加强合作，扩大服务范围，利用新技术手段提高服务效率，并不断提升产品和服务的质量，以满足不断增长的市场需求。同时，倾音也将继续关注社会责任，保持公益板块的运作，为经济困难的言语障碍者提供支持，促进社会的公平与包容。倾音的未来发展需要团队共同努力，也需要社会各界的支持和关注。杜心童相信，在大家的共同努力下，倾音一定能够拥有更加美好的明天，为言语障碍者带来更多的希望和改变。

案例4.2

雅恩健康

雅恩健康是一家专注于特殊儿童言语沟通障碍的康复机构，遵循全脑发展干预理念，致力于为0~15岁发育迟缓、语言障碍、孤独症谱系障碍、注意力缺失等各类儿童提供个性化干预支持。起初，雅恩健康面临着服务模式探索、专业能力提升和地理位置偏远等挑战。通过引入专家资源、员工培训和借鉴国际先进经验，雅恩健康逐渐提升了服务质量。随着业务的发展，雅恩健康将服务重点聚焦在2~6岁学龄前儿童上，并开发了数字化教学系统，提高了教学效率。在新冠疫情期间，雅恩健康迅速调整服务模式，开展线上课程和到宅服务，确保服务不间断。此外，雅恩健康还与均瑶集团等合作伙伴建立了战略合作关系，共同打造儿童大健康平台，并通过技术加盟和品牌加盟的方式扩大服务范围。雅恩

第4章
社会企业的战略规划与应对变化

健康的发展历程体现了其在面对环境变化时的适应能力和创新精神,致力于为特殊儿童提供更专业、更全面的康复服务。

1. 自身发展历程

雅恩健康的成立源于边琼霞对特殊儿童言语沟通障碍问题的关注。在跨国制药公司高管职位上积累的医药行业经验,让她意识到了这一领域的巨大需求和潜在商机。因此,她决定放弃原有的工作,投身于特殊儿童辅育事业。2007年,雅恩健康管理有限公司正式成立,成为杭州首家专注于儿童个性化能力提升的企业。在初期,雅恩健康面临多方面的挑战,包括家长的高期望、员工间的不信任以及干预方法的摸索等。为了提升专业能力,雅恩健康邀请心理和儿童行为专家定期坐诊,并开展员工培训,深化企业理念。此外,为了更好地服务家庭和孩子,雅恩健康还在杭州靠近市中心位置开设了新的训练中心,优化地理位置和课程周期。

2. 项目实施计划

随着服务需求的增加,雅恩健康在2009年遭遇了发展困境,包括资金匮乏、班级构成混乱、课程时间难以协调等问题。为了解决这些问题,边琼霞再次出国学习,并深刻意识到言语治疗领域专业性的重要性。她决定将业务聚焦在2~6岁学龄前有言语沟通障碍的儿童上,给他们提供最专业的服务。尽管这一决策最初遭到了团队的反对,但边琼霞坚持了下来,并在2010年对公司定位进行了彻底调整。雅恩健康采用课时制,一对一地为儿童提供言语训练,并开发了数字化教学系统,提升了教师的人力效能。这一转变得到了家长的认可,雅恩健康的业务也逐渐走上了正轨。

3. 未来发展规划

雅恩健康在经历了新冠疫情的挑战后,更加明确了自身的社会责任。雅恩健康在新冠疫情期间迅速调整其服务模式,从线下干预转变为线上课程，以适应社会隔离的要求，积极做出了相应的战略调整。雅恩健康持续监控外部环境，如政策变动、市场需求、技术进步等，并准备好多种应对方案，以便在变化发生时迅速采取行动。譬如，雅恩健康开发了家长在线课程，满足家长的深入学习需求。雅恩健康与均瑶集团签订了战略合作协议，共同打造儿童大健康平台。雅恩健康还计划通过技术加盟和品牌加盟的形式，扩大服务范围，满足更多家庭的需求。未来，雅恩健康将继续优化商业运营，获得社会创业界的更多资源与支持，平衡公益事业和企业经营，推动特殊儿童言语沟通事业的可持续发展。

第 5 章 社会企业的取之有道与用之有方

社会企业如果没有资金,就无法实现其社会使命。所以,社会企业家必须现实地看待社会企业的资金问题,并对它在社会企业中的运作有客观的理解。此外,社会企业家也必须对自己所具备的财务知识有准确的估计。明知自己懂得很少却不承认,或者觉得自己什么都懂,这二宗罪在财务领域尤为致命。本章希望从实践角度为社会企业家提供一些财务建议,找出其缺乏的财务技能并帮其填补这些漏洞。当然,最重要的是,激发社会企业家去学习更多的财务知识。

本章首先对社会企业独特的融资来源进行介绍,由于社会企业同时具有营利组织和非营利组织的特点,所以社会企业可以使用多种融资手段来获取资金。除了资金问题外,本章还概述了社会企业商业成本与社会成本相结合的成本结构。随后,本章对社会企业常见的四种财务工具进行了简短介绍。最后,本章对一些社会企业财务管理中的常见问题进行了说明。

5.1 社会企业融资与成本

5.1.1 社会企业融资

社会企业在履行社会使命的过程中既要从内部产生资金,也要从外部获取资金。图 5.1 显示了社会企业不同的融资渠道和手段。内部融资主要通过提供产品和服务获取现金流。产品和服务往往由目标人群或第三方受益者(雇主、父母等)支付。除此之外,公共部门也是重要的内部资金来源。与营利企业相比,公共部门往往倾向购买社会组织的产品和服务,这也是营利企业与社会企业融资结构的区别之一。外部融资主要用于支付负的运营现金流,或资助长期投资。传统上,捐款对社会企业的运营是非常重要的。近年来,社会企业开始在其融资结构中使用股权资本、债务资本或夹层资本。

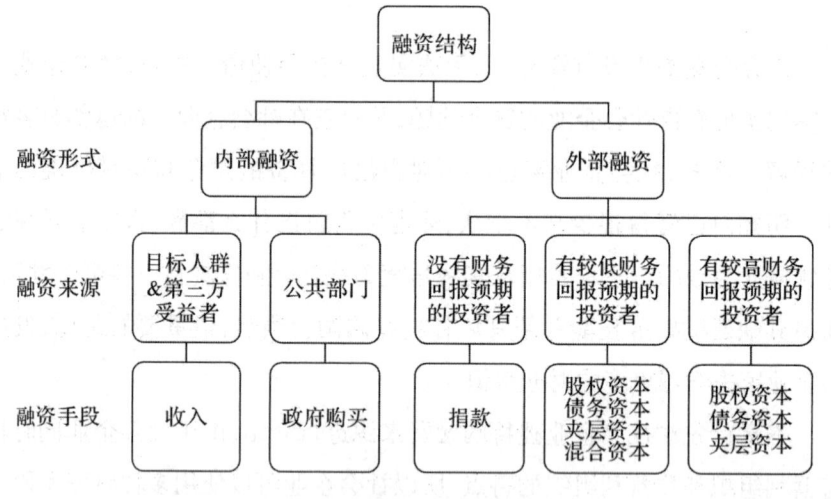

```
                              融资结构
                     ┌──────────┴──────────┐
融资形式           内部融资              外部融资
                ┌─────┴─────┐    ┌─────────┼─────────┐
融资来源      目标人群    公共部门  没有财务   有较低财务  有较高财务
            &第三方              回报预期   回报预期的  回报预期的
             受益者               的投资者   投资者      投资者
              │         │          │         │          │
融资手段      收入    政府购买    捐款    股权资本    股权资本
                                         债务资本    债务资本
                                         夹层资本    夹层资本
                                         混合资本
```

图 5.1　社会企业的融资结构

其实,资本提供者必须考虑到社会使命限制了社会企业的融资能力,所以要相应地调整融资手段。基本上有两种方法可以用来调整融资手段,一种是资金提供者可以降低投资回报率;另一种是资本提供者可以组合各种融资手段,以更好地满足社会企业的需求。

对于资本提供者,可以根据其经济和社会回报预期进行分类。同时追求社会和经济回报的通常称为双重底线投资者(double bottom line investors),相对而言,基金会和捐赠者(foundations & donors)追求较低的社会回报,而以营利为目的的投资者(for-profit investors)则追求较高的经济回报。图5.2是社会回报和经济回报的平衡图,其中回报曲线从社会企业角度反映了不同行业间经济回报和社会回报的差异。社会企业必须决

第5章
社会企业的取之有道与用之有方

定自己在回报曲线上的位置。而偏好曲线则反映了资本投资者的投资偏好。捐助者和基金会倾向于以较低的经济回报为社会企业提供资金支持。双重底线投资者追求适度的经济回报,而以营利为目的的投资者则希望最大化其经济回报。从图5.2中我们可以看出以营利为目的的投资者的偏好曲线比较陡峭,也就是说,经济回报的小幅度降低可以带来较高的社会回报。而对于基金会和捐赠者,社会回报的小幅度增加则导致经济回报的大幅度降低。

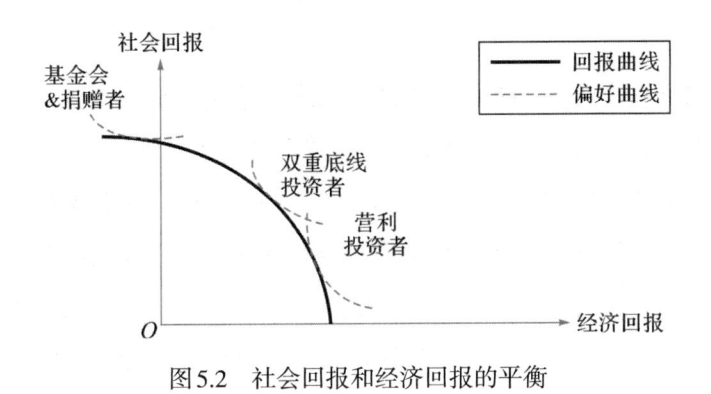

图5.2 社会回报和经济回报的平衡

由于社会企业结合了营利组织和非营利组织的特点,所以社会企业可以使用与传统商业企业类似的融资手段,如根据社会企业需求进行修改的股票、债券和夹层资本。其中的一个重要改进是关于社会企业必须支付的利息或股息金额,股本可作为"耐心资本"而不支付股息,债务资本可作为"免息贷款"而不支付利息。此外,社会企业还能获得捐款和混合资本。图5.3总结了社会企业的融资手段。总体而言,一个社会企业融资手段的范围取决于社会企业的还款能力。

5.1.1.1 捐款

社会企业的传统融资形式是捐赠(donations)。捐款通常由基金会或个人以货币或非货币形式提供。捐款的吸引力在于其不需要偿还,而且也没有其他强制性的要求。此外,社会企业可以利用捐款进行一些没有创收作用的活动。由于这些原因,捐款仍然是社会企业融资的重要组成部分。

图 5.3　社会企业的融资手段

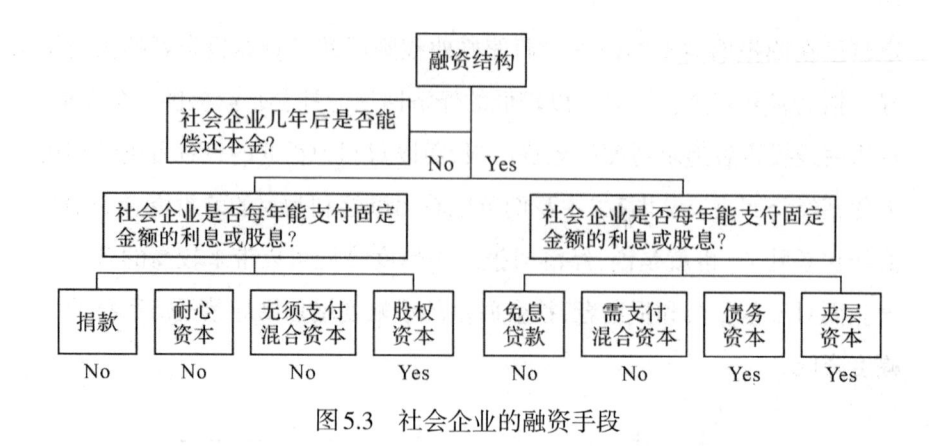

但是捐款也存在弱点和缺陷,捐款者往往愿意支付社会企业与项目相关的活动成本,而不愿意支付社会企业的行政成本和运营开支。此外,捐款往往以短期为主,并且存在显著的筹款成本。实践中,一些捐款者通过公益创投(venture philanthropy)方法来解决这些问题。个人或基金会的捐款构成社会企业收入的显著组成部分,因此这些捐款的退出会对社会企业产生严重的影响。社会企业必须制定退出战略,以确保其可持续发展。比如,社会企业可以加强后续融资或实现自给自足,不再依赖于捐款。如果两种方式都不可行,社会企业则无法继续经营,需要进行清算(见图5.4)。

5.1.1.2　股权资本

股权资本(equity capital)主要用于支付运营资金和长期投资,以避免营运资金的短缺。股权资本既可通过非正式来源获得,也可通过正式来源获得。非正式来源通常被称为"4F",包括创始人(founders)、朋友(friends)、家人(family)和支持者(fools),正式来源主要是指天使投资基金或公益创投基金。股权投资者提供资金,获得社会企业一定比例的股份,进而获得对社会企业的控制权和投票权,这些所有权可以通过监事会或咨询委员会来行使。股权资本是风险最高的融资形式,其利润分配取决于社会企业的法律形式。有的社会企业会将所有利润用于再投资,有的社会企业可分配部分盈余。不分配利润的股权资本形式是图5.3中的耐心资本。而在英国,CIC可以分配35%的利润。如图5.4所示,社会企业既可以通过

第 5 章
社会企业的取之有道与用之有方

```
                    退出类型
        ┌──────────────┼──────────────┐
       捐款          股权资本        债务资本
        │              │              │
     后续融资        股份出售        偿还债务
        │              │              │
     自给自足        股份回购         再融资
        │              │              │
      清算         首次公开募股   债务资本转换
                       │         为股权资本
                      清算            │
                                     清算
```

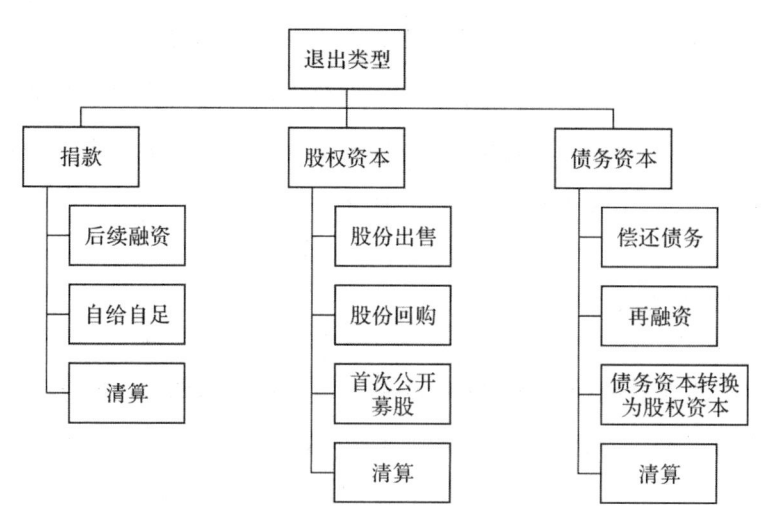

图5.4　社会企业的退出机制

股份出售或首次公开募股（initial public offerings，IPO），将股份转移给第三方投资者，也可以进行股份回购。如果上述方式都无法奏效，社会企业可以进行清算，出售剩余资产。

5.1.1.3　债务资本

债务资本（debt capital）用于支付营运资金以及长期投资，以保证社会企业有稳定的现金流。长期股权投资包括设备或建筑物等。债务资本可以定期获取利息，但没有利润份额，不能获取利润分配。如图5.1和图5.3所示，债务资本主要来自传统的债务提供者，如银行。利率既可以是0（无息贷款），也可以是正常的市场收益率。债务资本到期时必须偿还。如图5.4所示，社会企业有各种各样的退出选择。社会企业可以偿还债务或用贷款进行再融资，也可以将债务资本转换为股权资本。如果社会企业无法继续运营，投资者可提起破产程序，通过社会企业的清算收回投资资本的一部分。

5.1.1.4　夹层资本

夹层资本（mezzanine capital）结合了债务资本和股权资本的性质，在构成上更具灵活性，可以根据社会企业的需求进行调整。通常情况下，夹层资本规定了一个固定的利率及还款义务(债务资本性质),此外,夹层资本也规定了一个变动的、与绩效相关的利率或股权酬金(股权资本性质)。对于投资者来说,夹层资本的收益和风险介于优先债务和股本之间。对于社会投资者来说,这种融资形式格外具有吸引力。

5.1.2 社会企业成本

社会企业的运行会产生额外的成本,直接雇用弱势群体制约了社会企业提供产品和服务的能力。但社会企业有义务增加他们的经济安全,提高他们的生活质量。因此社会企业的管理者必须对商业和社会项目做出明智的决策。一个有效的决策措施是分离社会企业的不同运行成本——商业成本和社会成本。

将商业成本和社会成本进行分离是十分有必要的。商业成本反映了社会企业的盈利能力和竞争力,影响管理者做出的每项战略和运营决策。它有助于评估社会企业的市场地位,制定有竞争力的市场战略。此外,将商业成本进行分离,不仅有助于社会企业会计制定与私营企业相媲美的财务报表,也有助于管理者衡量社会企业的财务绩效。了解社会企业的财务绩效,可以为社会企业提供进行战略决策的信息,如定价、市场准入、产品开发、出口等。

社会成本则反映社会企业关于社会项目决策制定的信息。了解社会成本有助于管理者测量社会影响目标的实现程度。同样地,当商业成本和社会成本分离后,社会成本的数据可用于分析社会成本对商业绩效的影响。这有助于管理者明确界定哪些社会成本可以通过投资支付,哪些社会成本可以通过补贴支付,也有助于管理者制定资源收购战略。

相对于商业成本而言,社会成本的量化更加复杂和不确定。首先,社会企业应该找出那些显著的社会成本类型。社会企业不可能量化所有的社会成本。如果某些社会成本对财务的影响微不足道或者量化的困难和挑战太大,这些成本会被忽略。在确定分析的社会成本后,社会企业应该

第 5 章
社会企业的取之有道与用之有方

找出可以用于量化社会成本的方法,并通过这种方法将社会成本转换为可以度量的货币价值。

5.2 社会企业财务工具

良好的会计核算体系和财务报表是一个健全的社会企业的重要组成部分。为此,社会企业需要使用与商业企业类似的标准财务报表。它们将有助于社会企业与其他企业进行比较。而社会企业财务计划的一个重要组成部分是其四个关键的财务工具:

- 预算(budget)。详述了社会企业预期的收入和支出。
- 损益表(profit/loss statement)。衡量了社会企业在一定时期内的盈利能力。
- 资产负债表(balance sheet)。提供了社会企业在给定时点的财务状况"快照"。
- 现金流量表(cash flow statement)。介绍了社会企业在一定时期内现金的产生和使用。

财务工具呈现了一个社会企业的财务实力和绩效,可用于社会企业的计划、评估和控制。其中,损益表、资产负债表和现金流量表在会计和财务学中也被称为财务报表。至于哪一种财务工具最重要,总有一些争论。资产负债表的支持者认为它们代表了社会企业的真正价值。损益表的支持者则认为它们表明了社会企业正在盈利还是亏损。现金流量表的支持者则认为社会企业的现金管理问题最为艰难,需要得到格外的关注。其实,所有的财务工具都是互相关联的。为了充分了解社会企业的财务状况,财务工具应该一起使用。如果没有这些财务工具,社会企业将无法制定其财务目标,并且无法衡量这些目标的实现程度。一般而言,财务工具的编制应遵循以下步骤和准则。

- 编制预期财务报表和预算:预测未来的收入和支出;

- 预测基于历史信息和实际成本:确保预测的真实性;
- 清楚说明预测背后的假设:思考预测的逻辑和依据;
- 向财务报表使用者提供"恰当"信息:帮助内外部使用者分析和决策;
- 根据实际绩效调整预测财务报表:提高预测的准确性;
- 建立标准的会计核算体系:为财务分析提供必要信息;
- 利用先进技术编制财务报表:对竞争环境做出快速反应;
- 明确社会企业的税收责任:避免巨额负债和触犯法律。

5.2.1 预算

预算预测了社会企业的各项费用和额外开支。大部分的预算都来自以前营销、运营和人力资源预算的财务信息。

5.2.1.1 编制启动成本预算

新成立的社会企业需要编制首月的启动成本预算,以确定固定资产和营运资金所需的总资金额。启动成本(start-up costs)或沉没成本(sunk costs)是运营企业和开展业务过程中已经付出且不可回收的成本。与商业企业不同,社会企业可以用捐赠者提供的资金来支付这些成本。

5.2.1.2 社会企业项目预算

社会企业项目预算详细列出了各个项目的所有预计费用。财务报表可能会把财务资料合并成几大类,但预算应该更详细。社会企业应该由具有专业资格的会计人员来编制项目预算。具体的项目预算包括工资、市场营销成本和运营成本等条目。

5.2.2 损益表

损益表是社会企业在一段时期内收入和支出的简要说明。损益体现

第 5 章
社会企业的取之有道与用之有方

了社会企业在运营过程中既可能获利,也可能亏损的现实。损益表的最后一行标明了社会企业的净利润或净亏损。现实中,损益表经常被用于社会企业的计划、评估和控制。通常损益表都是按年编制,并列入年度报告。但是,出于内部管理的需要,社会企业应该每月编制损益表。

损益表包含以下几个部分。

- 收入:来自产品销售或服务提供,以及其他非销售来源;
- 销售成本:一定时期内销售产品的生产成本或提供劳务的劳务成本;
- 营业费用:社会企业维持正常运营所发生的各项费用。

一般而言,社会企业的损益表都要包含其社会成本。"计入社会成本前的净收入"(net income before social costs)反映了社会企业作为一个商业业务的真正成本,是社会企业的第一重底线——财务底线,反映了社会企业的商业业务绩效。"计入社会成本后的净收入"(net income after social costs)表明了社会企业实现其社会使命的成本,是社会企业考虑社会底线后的双重底线。如表5.1所示。

表5.1 社会企业的损益表调整

社会企业损益表	社会企业底线
计入社会成本前的净收入	财务底线
社会成本	社会底线
计入社会成本后的净收入	双重底线

5.2.3 资产负债表

资产负债表反映了社会企业在给定时点的资产、负债和股东权益情况。负债和股东权益反映了社会企业的资金来源,而资产反映了社会企业资金的运用。负债和股东权益来自债权人和捐助者(或投资者)提供的资金或社会企业产生的盈利,作为社会企业资金的来源,它们使社会企业能够继续运营或扩展业务。资产主要是指社会企业拥有的可以为其带来利益的资源,反映了社会企业如何有效地管理资源,为社会企业的运营提供资金。资产负债表必须平衡，资产、负债和股东权益之间的关系如下面公式所示：

$$资产＝负债＋股东权益$$
$$资产－负债＝股东权益$$

5.2.4 现金流量表

现金流动性可能是任何一个社会企业或商业业务的杀手。管理者无法管理社会企业内部的现金收支，以致社会企业出现严重的现金短缺，很多经济上具有可行性的商业业务也因为资金周转不灵而失败。当然，现金并不等于利润，虽然利润通常被用于衡量社会企业的绩效，但缺乏现金与缺乏利润相比，更容易导致社会企业的失败。所以说，现金流是社会企业运行的重要组成部分。社会企业要想保持正常运作，并获取利润，必须保证足够的现金流，而现金流量表描述了社会企业的现金状况，向社会企业管理者呈现了现金的来源和去向，有助于社会企业进行现金管理。

5.2.4.1 现金流预测

现金流预测可以使社会企业进行有计划的现金收支。一方面，它是预测未来现金短缺的财务工具，可以帮助社会企业制订计划来解决这些短缺问题；另一方面，如果社会企业现金超额，它也可以帮助社会企业制定现金投资战略，而不至于让多余的现金处于空闲状态。对于一个初创的社会企业，现金流预测影响其成功或失败；而对于一个持续发展的社会企业，现金流预测则影响其成长或停滞。所以，社会企业的管理者必须定期预测现金流，至少每月一次。精明的社会企业管理者一方面进行短期现金流量预测，以帮助他们管理日常现金；另一方面进行长期现金流量预测，以帮助他们制定必要的融资策略，满足业务需求。如表5.2所示。

表5.2 社会企业的现金流预测

使用时间	使用目的
每月（短期）	1.确定社会企业短期内的现金需求 2.估计运营资金需求，为社会企业日常运作提供资金 3.为社会企业当前资产投资提供信息
每年	1.确定社会企业1年内的现金需求 2.明确社会企业收入和融资的现金来源 3.判断社会企业现金流的季节性波动及其影响 4.估计社会企业的年度融资需求和还款能力
3~5年	1.促进社会企业战略和商业规划 2.确定长期股权资本需求

5.2.4.2 编制现金流量表

由于现金流问题对社会企业的运作至关重要，越来越多的利益相关者要求社会企业编制单独的现金流量表（见表5.3）。现金流量表根据用途将现金收支分为三类。

表5.3 社会企业的现金流量表分类

现金收入	分类	现金支出
来自产品和服务销售 来自贷款利息和投资股利	经营	用于发放员工工资 用于支付产品成本 用于支付债权人利息 用于租金等其他经营支出
来自厂房、设备或其他资产出售 来自短期或长期有价证券出售	投资	用于购买厂房、设备或其他资产 用于购买短期或长期有价证券
来自补贴或补助 来自借入资本（贷款） 来自股票出售	融资	用于偿还贷款 用于支付股息 用于购买股票

- 经营现金流：现金收入来自社会企业内部的日常运营（如销售），现金支出（如工资、租金等）用于维持社会企业的运营。

- 投资现金流：现金收入来自社会企业内部的非日常运营（如长期投资出售），现金支出用于购买设备等投资。

- 融资现金流：现金收入来自社会企业外部（如捐助者、贷款人、投资者等），现金支出也用于社会企业外部的现金支出。

5.3 社会企业财务秘诀

5.3.1 有钱≠赚钱

社会企业家大多是乐天派。因此,当他们制订计划时,容易太过理想化,很少有人能客观地预估一个可持续发展的组织真正需要投入的时间和资金。什么是可持续发展?从根本上讲,现金为王。因此,社会企业的可持续发展是指收入比支出要多,最好是现在的收入足以支付下一轮的开支,而这个数额远超出社会企业家现在的预想。无论社会企业家的预想金额是多少,一定要在这个基础上乘以一个倍数,这样才能接近正确答案。为保险起见,专家通常建议乘以2。

最重要的是,社会企业家要搞清赚钱与有钱的区别。当社会企业接到一份订单,而且产品或服务的价格高于其成本价,表明该订单可以赚钱。但是赚了钱并不等于有了钱。在没有收到货款之前,社会企业始终没有钱。比如说,一家众所周知、人人喜爱的社会企业,主营产品是沙拉酱,当它卖给一个销售商价值1万美元的沙拉酱时,其成本(原料、包装、人工、运输等费用)为5000美元。这笔交易是个能赚钱的好买卖,但唯一的问题是,客户在30天后才能付款(现实中往往要35天,甚至40天),而社会企业却要在1周内付清员工工资,10天内付清供货商货款。如果社会企业没有准备足够的流动资金,社会企业的发展便会因此而受到限制。

事实上,这种现象非常普遍。一些社会企业有很好的项目却常常因为资金链断裂而出现问题,这是因为它们低估了所需的资金量,对于社会企业到底需要多少钱、能够以多快的速度拿到钱,估算不准确。虽然本书已经花了一些篇幅来谈论融资,然而除了融资,社会企业还有很多事情要做。

(1)延长付给供应商的款项期限。向供应商坦陈社会企业的状况,争取获得他们的支持,同意延长社会企业的付款期限(45天、60天,甚至75天)。

(2)缩短客户的付款期限。同样,跟客户坦言社会企业的情况,必要时依靠他们对社会使命的认同和支持,使他们在10~15天之内把货款付清。

(3)提升收款速度。产品或服务一发出立即收款,这样社会企业在当天就能收回资金。

(4)与客户的付款部门以及供应商的收款部门建立良好的关系。在社会企业真的急需客户立即付款,或者真的急需延迟对供应商的付款时,社会企业应该知道跟谁联系和沟通。

(5)生产周期最短化。社会企业有一个成本是不可避免的,那就是在产品发货之前就需要购买原料,支付员工工资。加速这个生产过程,社会企业就可以加快投资资金的回收速度。

5.3.2 赚钱≠盈利

正如有钱和赚钱不是一回事,赚钱和盈利也是两码事。社会企业犯的最大错误除了不懂现金,就是不懂利润。或许,社会企业接到了订单,发了货,提供了服务,甚至还在付款前就收到了货款。但是,这并不意味着社会企业就有了利润,还要看社会企业是否把所有的成本都已考虑在内,如原材料成本、人工费、保险费、租金、设备成本、研发成本、销售成本,等等。

相较于普通企业,社会企业在成本计算方面问题更大。除所有常规固定成本之外,社会企业还会有一些成本既属于固定成本又属于可变成本,它们与社会企业的使命息息相关,与典型的商业成本相比,它们更加模棱两可,也更加难以计算。如果社会企业把它们作为生产成本,产品价格可能会远远超出市场价格;如果社会企业不把它们作为生产成本,则需要寻求额外的资金来支付这些成本。若社会企业是一家非营利性组织,则可以寻求慈善捐款;一家营利性组织则可以说服股东接受更低的投资回报率。

5.3.3 节俭思维

一家社会企业即使在现金短缺的情况下也还能运转一段时间,但却足以影响其决策。从某个角度而言,社会企业需要真金白银投入到运营、人工、设备、原材料等方面。如果没有可支配的现金,则会影响其财务决策。

一般而言,缺乏现金的社会企业会用一种"贫穷思维"去运营各项业务,久而久之,把自己永远困在一个缺钱的恶性循环中。其实,我们要清楚一点:但凡商业,必须花钱。因此,对处于"贫穷思维"定式的社会企业,我们推荐采用"节俭思维"。以企业的人事选择为例,"贫穷思维"认为不要花任何钱;"节俭思维"则认为要衡量这些钱该花,还是不该花。"贫穷思维"认为不需要雇人,现有人员就能完成所有的工作;"节俭思维"则认为应该雇该雇的人,不要雇超出工作需要的人。"贫穷思维"认为应该雇用市场上能找到的最廉价的劳动力;"节俭思维"则注重聘用企业需要的人员,并给予相应的报酬。所以,如果社会企业家始终带着"贫穷思维"去经营社会企业,就无法做出正确的决定。实践中,社会企业应建立"节俭思维",摒弃"贫穷思维"。

5.3.4 技能互补

社会企业的财务管理很重要,但并不意味着每个人都要成为财务专家。事实上,社会企业管理团队中的每个人都必须各有所长,从而在技能上形成互补。每个社会企业都得有善于销售的人、善于经营的人,当然还得有擅长财务的人。事实上,许多银行、投资人对非营利组织管理者的财务能力并不看好。对于营利性社会企业的管理者,他们也同样持有怀疑的态度。在他们看来,一个精于财务计算、善于有效运用财务技能的人不会有一颗柔软的心。

如果社会企业的董事会里的确有一位财务专家,这是一件幸事。因为他有能力把使命与财务的关系讲清楚。银行和投资人也希望社会企业有一位拥有实际职权的财务经理,时刻关注公司财务状况,懂得整个商业计划的财务部分,懂得贷款、应收款、应付款等对社会企业的影响。

第 5 章
社会企业的取之有道与用之有方

5.3.5 完善的会计系统

无论是营利性组织还是非营利性组织,建立完善的会计系统都是必要的。卡尔弗特基金会的莎丽·贝伦巴赫(Sally Bellenbach)女士考察过几十家社会企业,她研究发现,缺乏基本的会计和财务系统是这些企业的致命弱点,很多社会企业都很脆弱,因为它们的会计系统很不完善。能记录、追踪社会企业的财务系统非常重要。很多借款人不具备完善的会计和财务报告方法,这给他们的经营留下了一些乱账。这样的社会企业不知道到底是在创造利润还是在耗费资源。

完善的会计和财务系统能为社会企业及其员工提供所需的数据,从而为社会企业导航。任何社会企业都应建立一个能及时准确地反映这些数据的财务系统,这样才能找到通往成功的道路。当然,财务报告应该简洁明了地显示最新数据,尤其是对社会企业决策有帮助的信息。

案例5.1

雷励青年

雷励青年是一家致力于青少年及可持续发展的公益机构,成立于2008年。作为全球第21个雷励组织,雷励青年秉持"探索、勇气、正直、魄力"的理念,通过"服务中成长(serve and achieve)"的方式,激励青少年跳出自己的舒适圈,通过服务社区与保护环境,开阔眼界、丰富人生,共塑一个可持续发展的未来。一般而言,所有雷励项目都会设置三方面元素:一个是社区建设,一个是环保项目,一个是野外探索。通过这些项目,雷励青年引领并激励年轻人在可持续发展领域的热情与能量,使他们能够成为具有全球眼光的青年人。雷励青年自成立以来,已经有数千名志愿者积极参与雷励青年的项目。

多年来,诚信与正直始终是雷励青年得以壮大的根本。雷励青年一直致力于提高组织运作的专业化和透明度,在每年年初公布由其支持机构"睿达中国"审计过的年度财务报告,用以公示资金的来源与用途。由于非营利组织只编制业务活动表,不编制利润表,因此本案例主要分析了雷励青年2013年度的资产负债表、业务活动表和现金流量表(见表5.4至表5.6)。

1. 财务报表

表5.4　雷励青年2013年12月31日资产负债表　　单位:元

资　产	2013年12月31日	2012年12月31日
流动资产		
货币资金	31341.67	161001.50
应收款项	21747.94	22621.00
存货	611.50	18300.00
待摊费用	3382.50	4500.00
流动资产合计	57083.61	206422.50
固定资产		
固定资产——原值	220597.60	48938.00
减:累计折旧	(45683.68)	(29878.81)
固定资产——净值	174913.92	19059.19
固定资产合计	174913.92	19059.19
资产总计	231997.53	225481.69
负债和净资产		
流动负债		
应付款项	420960.80	37141.67
应付工资	23804.91	15687.20
应交税金	314.09	36199.25
预提费用	—	161421.50
流动负债合计	445079.80	250449.62
负债总计	445079.80	250449.62
净资产		
非限定性净资产	(213082.27)	(24967.93)
净资产合计	(213082.27)	(24967.93)
负债和净资产总计	231997.53	225481.69

表5.5 雷励青年2013年度业务活动表
单位：元

	2013年度	2012年度
一、收入		
非限定性捐赠收入	79971.10	58056.00
限定性捐赠收入	2086035.30	819112.17
提供服务收入	188728.15	407943.00
政府补助收入	—	16680.00
其他收入	30413.97	208780.00
收入合计	2385148.52	1510571.17
二、费用		
（一）业务活动成本	2221592.03	1234299.28
提供服务成本	1997465.84	844125.81
政府补助收入	215815.33	366707.49
业务活动税金及附加	8310.86	23465.98
（二）管理费用	350883.99	249145.56
行政人员费用	119600.04	101328.10
物品耗费和服务开支	222972.43	113499.30
固定资产折旧	8311.52	34318.16
（二）其他费用	786.84	45391.54
所得税费用	120.12	37074.89
利息收入	(873.28)	(515.13)
银行管理费	1540.00	1510.00
营业外支出	—	7321.78
费用合计	231997.53	225481.69

表5.6 雷励青年2013年度现金流量表
单位：元

	2013年度	2012年度
一、业务活动产生的现金流量		
接受捐赠收到的现金	2086035.30	820872.17
提供服务收到的现金	188728.15	407943.00
收到的其他与业务活动有关的现金	31178.22	231402.99
现金流入小计	2305941.67	1460218.16
提供捐赠或者资助支付的现金	1472154.93	872119.28
支付给员工以及为员工支付的现金	399124.05	345599.20
支付的其他与业务活动有关的现金	411678.96	34064.12
支付的各项税费	60343.56	72836.28

续表

	2013年度	2012年度
现金流出小计	2343301.50	1324618.88
业务活动产生的现金净流量	(37359.83)	135599.28
二、投资活动产生的现金流量		
购建固定资产和无形资产所支付的现金	92300.00	—
现金流出小计	92300.00	—
投资活动产生的现金净流量	(92300.00)	—
现金及现金等价物净增加(减少)额	(129659.83)	135599.28

2. 财务报表说明

（1）截至2013年12月31日，雷励青年资产总额231997.53元，负债合计445079.80元，净资产合计-213082.27元，资产负债率为191.85%。此外，净资产总额与2012年相比，减少了188114.34元。

（2）2013年度，雷励青年收入总额为2385148.52元，其中：非限定性捐赠收入79971.10元，限定性捐赠收入2086035.30元，提供服务收入188728.15元，其他收入30413.97元，无政府补助收入。费用总额为231997.53元，其中，业务活动成本2221592.03元，管理费用350883.99元，其他费用786.84元。本年度净资产变动额减少188114.34元。

（3）2013年度，雷励青年业务活动产生的现金净流量为-37359.83元，现金流入2305941.67元，其中，接受捐赠收到现金2086035.30元，提供服务收到现金188728.15元，收到的其他与业务活动相关的现金31178.22元。现金流出2343301.50元。

3. 财务分析

由财务报表看出，雷励青年目前还处于入不敷出的亏损状态。究其原因在于，成立之初LL便以慈善机构的运作模式运转，在融资方面也采用了传统NGO的做法，主要依靠捐赠。这一方面有助于雷励青年保持公益使命，真正将青少年的发展置于首位，但另一方面也限制了其获取资金的能力。最近几年，雷励青年开始意识到创收的重要性，增开了一些商业化的部门，开始开展企业定制业务。未来，雷励青年将努力提升服务收入所占的比重，寻求多元化的融资渠道。

案例5.2

一米之家

一米之家是一家位于杭州市西湖区三墩镇民生综合体的公益中心，专注于为处于就业年龄段的城乡残疾人提供全方位的职业发展服务。这些服务包括职业测评、职业生涯规划、职业能力提升培训、职业咨询、心理调适、就业指导、创业孵化和就业推荐等。一米之家的宗旨是构建一个支持残疾人就业创业的生涯成长平台，帮助他们实现自我价值和社会融合。

1. 双重价值

一米之家项目具有双重价值。在社会层面，该项目不仅帮助残疾人提升就业能力，还增强了他们的自信心，从而促进了社会的包容性和多元化。这种多元化不仅仅体现在职场，更为重要的是在社会的整体构成中，为每个成员提供了平等的机会和尊重。在经济层面，一米之家的有效运作不仅意味着残疾人减少了对社会福利的依赖，更重要的是为国家财政带来了实实在在的纳税收入，推动着经济的发展与社会的进步。具体而言，一米之家已经为超过1000人提供了就业服务，成功帮助超过500名残疾人融入工作岗位。同时，他们在20所高校开展培训服务，为超过6000人次提供了培训机会，并且在内蒙古、广东、河南、贵州等五个省份产生了广泛的辐射效应，不仅仅是在本地区带动了残障群体的就业，更是在全国范围内树立了良好的榜样，激励更多人参与这一公益事业。这一种项目的发展不仅能够为残障人士提供更多的机会，也为整个社会带来了更多积极的影响，实现了社会与经济的双赢。

2. 商业模式

一米之家收入来源多元,其中包括政府购买服务、公益创投、互联网销售和培训咨询等各项业务。这种多元化的资金来源不仅确保了项目的资金,还保证了其服务的质量和可持续性。除此之外,一米之家还积极与多家企业和组织建立合作关系,共同致力于推动残疾人就业和创业。举例来说,在2022年,该项目获得了政府公益创投资金20万元的支持,同时通过提供培训咨询服务等其他业务活动获得了7.6万元的收入。这种多管齐下的筹资方式不仅确保了项目的运作,也为残疾人提供了更多就业和创业的机会。

3. 媒体宣传

一米之家在媒体宣传方面表现突出,先后获得了中央电视台、学习强国、《浙江日报》、浙江电视台新蓝网等权威媒体的广泛报道。这些报道不仅有效地提升了一米之家的知名度,更重要的是向社会大众传递了支持残疾人就业的紧迫性和重要性。通过媒体渠道,一米之家的公益理念和成功案例得以传播,为社会树立了积极的榜样。这种媒体宣传不仅令更多残疾人受益,也在社会各界激发了对残疾人就业事业的关注和支持,进一步推动了社会各界的共同参与,为残疾人就业事业的发展提供了有力保障。

4. 公开透明

一米之家作为一家非营利组织,在其运营过程中始终秉持着信息公开透明的原则。除了提供财务报告外,还定期公布项目进展和服务成效,以接受社会各界的监督和评估。举例来说,2022年的项目收入和支出情况被清晰地列示出来,其中包括政府公益创投资金20万元以及其他购买服务所得收入2万元,而业务活动成本则为7.1万元,其他支出为0.2万元。这种高度透明的做法不仅赢得了公众的信任和支持,也为其他公益组织树立了良好的榜样。通过将信息公开,一米之家不仅展现了其责任和诚信,更加深了与社会各界的沟通与合作。

一米之家作为一个专注于残疾人就业服务的公益平台，通过其创新的商业模式、全面的服务内容、广泛的媒体宣传和高度的公开透明，成功地帮助众多残疾人实现了就业梦想，提升了他们的生活质量，并为社会的多元化和包容性做出了积极贡献。一米之家的案例充分展示了社会企业如何通过创新和合作，解决社会问题并创造双重价值。未来，一米之家计划进一步扩大服务范围，提高服务质量，为更多的残疾人提供支持，帮助他们实现自我价值。

第6章　社会企业的卓越领导与高效团队

社会企业的经营面临着来自非社会企业和其他社会企业的激烈竞争，特别是对于人才的竞争。从前面的内容中我们可以看出，社会企业的经营是一个复杂的过程，需要很大的耐性、技巧和努力，需要不断地调整和权衡。社会企业不仅需要有领导力的社会企业家、聪明能干的员工，也需要一个能够披荆斩棘的团队。

本章从三个方面介绍社会企业的人事问题。首先，在领导层面，本章介绍社会企业领导者的特征和风格，同时也对发挥重要治理作用的董事会进行介绍。其次，在员工层面，本章从招聘、激励、能力建设和留任等四个角度分析社会企业的人力资源管理问题。最后，本章对促进社会企业发展的团队进行简短论述。

6.1　社会企业领导与董事会

6.1.1　社会企业领导

社会企业家具有不同的身份特征：发明家、推动者和管理员。发明家因其独特的创造力而著名，他们可能非常具有创新性，但是由于缺乏管理和业务技能，他们的很多创新想法难以付诸实践。推动者也是有创造力的人，但是他们一般关注短期内将业务完成，而不是关注提高业务绩效，因为

第6章
社会企业的卓越领导与高效团队

推动者缺乏良好的管理技能,他们并不总是好的领导者。管理员往往追求成本节约和提高效率,他们具有符合业务需要的管理技能,在他们看来,创造力和创造性思维虽然非常好,但并不是一个社会企业发展壮大所必需的。很少有社会企业家的拥有所有这些特征,对于任何一家社会企业,拥有三者结合的社会企业家都是一种珍贵的资产。

一般而言,一个社会企业的团队领导者应当促进成员、团队以及社区之间的平衡,要实现这种平衡,领导者需要在不同情况下运用不同风格进行管理,具体而言,社会企业的领导者存在如下三种领导风格。

6.1.1.1 独裁型

独裁型领导倾向于自己做出决策,下属主要执行决策。这种领导风格的优点在于管理者可以统一指挥,但是不利于激发下属的积极性和主动性。在规模较小的社会企业,或者社会企业面临人员短缺和设备故障时,可以采用这种领导风格。

6.1.1.2 民主型

民主型领导在决策时会加入一个或多个团队成员,当然,团队成员拥有最终决策权。这种风格既鼓励下属参与决策,有助于发挥下属的积极性和主动性,也有助于决策的贯彻执行。当社会企业规模较大,部门比较多时,社会企业家可以采用这种领导风格。

6.1.1.3 放任型

放任型领导让下属自由决策,领导者主要负责为下属提供支持和帮助。这种风格有助于创造积极的工作关系,激发下属的潜力,但是也会导致权力的分散。当下属的能力比较高,能够分析社会企业面临的各种形势时,社会企业家可以采用这种领导风格。

不同的领导风格适用于不同的情况。例如,独裁型领导可能是应对突发危机的唯一方式,民主型领导在团队合作时更加富有成效。社会企业家应根据具体情况灵活运用不同的领导风格。在决定使用何种风格时需要注意两个问题:决策对社会企业的影响;下属是否有能力完成决策任务。

6.1.2 社会企业董事会

社会企业的治理会影响捐助者和投资者的信心。一个良好组织的董事会可以为捐赠者和投资者提供信心,使他们确信自己的利益和社会企业的使命得到维护,管理者受到必要的监督。对于试图实现自力更生的社会企业而言,董事会的确立更是必需的。作为一种制衡机制,董事会可以更好地监督社会企业的领导者,以确保社会企业履行其使命,而董事会的监管主要体现在其功能和职责当中。

6.1.2.1 董事会的功能

(1)提出并维护使命;

(2)制定战略方向;

(3)争取必要的资金;

(4)确保履行道德和法律义务;

(5)评价高层管理人员的绩效。

6.1.2.2 董事会的职责

(1)信托责任

董事会有义务保障利益相关者的经济利益。董事会审议社会企业的财务预算,并监督预算的执行情况,除此之外,董事会还管理社会企业的资金,如投资基金和储备基金,并帮助社会企业筹集资金。

(2)战略规划

董事会参与社会企业战略规划形成过程。董事会批准管理层制订的战略规划,并监督规划的执行情况。

(3)监督

董事会授予执行董事或首席执行官(CEO)运营和管理社会企业的权利。董事会负责对他们进行甄选、评价和罢免。

(4) 绩效发展

董事会负责评估自身绩效和组织效益,包括招募新的董事会成员、组成特殊利益委员会、变动董事会成员等。

6.1.2.3 董事会的发展阶段

随着社会企业的发展成熟,董事会的架构也会不断发生变化,变得越来越正规。

第一阶段:组委会(organizing board)——当社会企业从一个非营利项目转变为一个组织实体时,组委会便形成了。刚开始,组委会的功能并不像一个正式的董事会,需要参与项目执行,不仅仅是发挥咨询作用。一般而言,组委会的规模都比较小,而且注重实际操作。组委会的成员帮助执行董事实现发展目标。

第二阶段:理事会(governing board)——在这个阶段,董事会有更为正式的权力和独特的作用。理事会开始承担监督和绩效评价等更多责任。理事会与组委会的区别如表6.1所示。

表6.1　组委会与理事会的区别

组委会	理事会
创始人兼首席执行官在任	创始人兼首席执行官可能离开
由首席执行官招募董事会成员	成员经选举产生
项目导向	员工导向、管理导向
基于顾客	基于顾客和公众
不必筹款	需要筹款
同质性	多样化
参与项目执行	不参与项目管理
3~7名成员	最多15名成员
无任期限制	有任期限制

第三阶段:筹资委员会(fundraising board)——董事会发展的最后阶段是筹资委员会。筹资委员会通常规模比较大,其主要职责是为社会企业的发展筹集资金,并管理组织的资产和投资。在这个阶段,董事会经常开会,批准社会企业的预算和战略计划。

6.1.2.4 董事会的组成

理想情况下,董事会应该由具有特定技能、政治影响力、经济贡献、社会地位的成员组成。社会企业的成熟度和声誉度是吸引专业人士加盟董事会的决定因素。如表6.2所示,董事会成员最重要的是其领导能力和技术能力。具体到一个社会企业,相关的技能包括金融、法律、企业管理、创业、非营利专业知识和行业专长等。此外,从人口统计学角度看,董事会的组成也要考虑性别、种族、年龄等方面的平衡。

表6.2 董事会成员的领导能力和技术能力示例

领导能力	技术能力
维护社会企业使命	商业专长和行业知识
诚实守信	社会项目专长
成功领导经验	业务管理知识
沟通能力	会计与财务知识
良好的判断力	市场营销知识
愿意承诺的时间	人力资源管理知识
独立思考能力	创业知识
团队合作能力	信息技术知识
协调能力	法律知识
永不放弃	筹款知识
主动参与	运营管理知识
个人奉献精神	产品开发知识

6.2 社会企业人力资源管理

6.2.1 招 聘

6.2.1.1 传统方式

创业特质及业务经验是社会企业员工所必需的。社会企业可以通过相关的渠道,如私营部门来招聘员工。从私营部门招聘员工给社会企业家

第6章
社会企业的卓越领导与高效团队

提出了两个难题：一是工资水平。社会企业从私营部门吸引员工应该保持与其相当的工资水平，较高的工资水平又增加了社会企业的支出，社会企业需要获取更多的外部资金，自我创收来抵消成本。二是组织的社会使命。私营部门有经验的工作人员可能并不完全认同社会企业的组织使命，因此，社会企业需要加强对雇用的员工的培训，使他们与组织的社会使命保持一致。

社会企业也可以从其目标受助人群中选择员工。当然，社会企业需要加强对目标受助人群的培训，以实现产品和服务的标准化。相对而言，目标受助人群的创业特质（如愿意承担风险）比其技术知识更加重要。根据社会企业和目标受助人群类型的不同，评分标准也不同。一般而言，可以考虑候选人的以下特点：追求机会、执着、信守契约、追求质量和效率、敢于冒险、系统规划、自信。

招聘表是一种有效的工具，可以使社会企业家明确每个工作岗位所需的技能和经验以及相应的招聘渠道。表6.3以从事产品生产的社会企业为例，概括了社会企业每个岗位的技能要求和招聘渠道。

社会企业在确定人力资源需求后，一般需要绘制一张组织结构图。组织结构图有助于说明管理者与员工之间的上下级关系，并能够清晰地标明社会企业的层次结构，一般而言，为实现最高效率和最低成本，社会企业的组织结构相对平坦。总之，绘制组织结构图有助于社会企业更好地利用其人力资源。

表6.3 社会企业招聘表示例

职 位	职位要求	招聘渠道
业务发展部经理	1.有创业精神、以结果为导向、有商业或业务经验、强大的财务能力、良好的人际关系、能够分配职责和进行监督 2.受过高等教育 3.致力于实现社会企业的使命和目标	管理咨询公司
市场部经理	1.有创业精神、有创造力和创新性、了解市场/客户、有市场营销经验、能够激励和动员销售人员 2.具有市场调研和统计分析技能 3.受过高等教育 4.致力于实现社会企业的使命和目标	1.市场调研或市场营销公司 2.销售同类产品的公司

续表

职 位	职位要求	招聘渠道
生产部经理	1. 产品生产经验、工厂管理能力、注重细节、了解供应商 2. 致力于实现社会企业的使命和目标	生产企业
销售代理	1. 性格外向、了解商业网点、良好的沟通技巧、良好的人际关系 2. 没有具体的教育或销售经验要求 3. 致力于实现社会企业的使命	1. 当地社区或企业 2. 毕业生
产品开发人员	1. 富有创造力和创新性、产品开发经验、了解顾客需求、专业技术知识、良好的沟通能力 2. 没有具体的教育要求	1. 类似产品企业 2. 产品购买者
生产代理	1. 具有责任感、积极主动、诚信、良好的沟通能力 2. 致力于实现社会企业的使命	当地社区
生产工人	1. 勤奋、具有创业精神、诚信 2. 没有具体的教育要求	当地社区
库存管理员	诚实、兢兢业业，具备数学知识，注重细节	当地社区

6.2.1.2　创新视角

随着时代的变迁，愿意为社会企业工作的优秀员工队伍也在不断扩大。社区财富公司（Community Wealth Ventures）是一家为其他社会企业提供咨询和帮助的社会企业，拥有金字塔尖的精英员工。该公司的创办人阿尔弗雷德·怀斯（Alfred Wise）善于雇用那些想要加入社会企业的MBA实习生。在管理咨询行业，目前这种人才数量非常之多。而格里斯通面包店的做法是，不断地保持有年轻的新鲜血液输入公司。最近几年，他们每年招募一些MBA实习生，有些已经成了他们的全职员工，这些年轻人给公司带来活力、欢乐和新思维。有时，由于他们缺乏经验，反而给公司带来好处，因为他们不会被已经尝试过、已经失败过的经验束缚。格里斯通面包店认为，有这样一群"聪明、天真"的员工，是公司的运气。

那么，去哪里找这样的人呢？社会企业MBA招生指南是一个很好的资源，它囊括了多个此类项目。此外，社会企业也可以直接去以实践为导向的职业学校招募。

归根结底，社会企业需要能够胜任工作的人才，但要注意聪明与激情

第6章
社会企业的卓越领导与高效团队

并不等同于工作能力。如社会企业需要一个文案,某个人具备了一切标准,包括聪明的头脑、坚定的使命感、对社会问题的了解,以及丰富的阅历,但不会撰写文案,那他就不是社会企业需要的人才。

社会企业最好的办法就是雇用有天赋的人,而不必非得有经验。在社会企业中,每一个岗位都是与众不同的。一个有天赋的人会将他的工作与他的天资进行合理匹配,从而做出非凡的贡献。一个极其有天赋的人则可以身兼数职,在多个岗位都能发挥他的作用;而一个仅仅有经验的人可能只会继续做平庸的事,别无他用。将足够多有天赋、充满激情的人聚集到一起,社会企业才会有作为。

当然,不是每个社会企业都能招聘到有天赋的多面手,所以,社会企业要寻求各个层次、各种技能的人才。重构资源公司的林奇(Lynch)认为他们公司的团队是一群"很棒的人"的混搭:几个像他一样胡子花白的员工,运营着财务和项目,他们沉稳、智慧、成熟;几个刚工作的"小子"则是技术控,活力四射,他们负责研发和市场营销;还有几个员工则是通过重构资源公司的帮助,从自我毁灭的困境中走了出来,他们在公司从事生产工作。不同寻常的组合,但是运作得很顺畅,因为他们都是优秀而敬业的人。

总之,在一个想要改变世界的组织里,平庸者没有立足之地。社会企业必须用愿景和使命去吸引那些优秀人才,也要有勇气淘汰平庸者。优秀的人才到处都有,找到他们,让他们登上社会企业的航船,社会企业才能乘风破浪,驶向远方。

6.2.2 激励措施

很多社会企业因为成本问题而很少对员工进行激励。然而,只要社会企业明智地使用激励措施,即可提升员工的工作效率。一般而言,社会企业的激励主要分为薪酬激励、财务激励和非财务激励。社会企业的薪酬应该具有市场竞争力。很多社会企业因预算有限而降低了员工工资,虽然,这样做短期内可以节约成本,但是从长期来看会导致员工的离职。其实,支付员工合理的工资可以更好地留住员工，进而减少招聘、培训成本。社会企业的财务激励应该与其获取收入的目标相关联，可以采用销售佣金、绩效奖金等形式。如对销售人员的激励应基于其销售量，对超出规定数量的部分进行奖励。社会企业的非财务激励措施主要包括培训、旅行、休假、晋升机会等。社会企业可以通过这些非货币性的激励提高员工士气，使他们保持较高的工作热情。

关于激励，社会企业一定要意识到，在现代社会没有什么能够替代财富的地位。虽然社会企业的使命、工作条件和鼓舞人心的领导能力都是其重要资产，但如果社会企业想要和传统企业进行竞争的话，薪资标准一定要具有市场竞争力。如果社会企业无法支付员工相应的工资，那么就不能指望员工创造相应的价值。

薪酬要与市场平均水平保持一致，这在社会企业招聘领导层和管理层时变得有点棘手，因为现在高管薪酬差距很大。

有一个简单办法可以让这个问题变得不那么棘手，那就是运用整体策略。这种方法不是根据个体定薪酬，而是从社会企业的整体出发，通过与社会企业高管讨论，自然地把薪酬引向一个合理的水平。

当然，光是给领导层超额工资还不够，那些执行社会企业方针策略的员工，同样也需要给予高额工资。除此之外，社会企业永远不要忘记给予员工从事有意义工作的机会。从事有意义的工作也具有价值，这种价值实际上可以换算成金钱，它是人才市场最高报酬水平和社会企业必须给最优秀人才的报酬之间的价差。

如果社会企业发现自己根本无法支付有竞争力的薪水，那么需要重新审视社会企业的财务模型。如果社会企业最终不能给出相应的合理薪资，说明其存在严重的可持续发展问题。社会企业需要核查一下自己的整个运营假设和参数设置。如果有必要，对这些假设和参数进行修改，使它们定格在社会企业能力范围内。总之，社会企业必须善于改变，而不要把整个企业建立在以牺牲员工薪酬为代价的基础上。

6.2.3 能力建设

能力建设有助于社会企业实现可持续发展。一般而言,社会企业的能力建设主要体现在两个层面:组织层面和受益人群层面。组织能力建设主要是开发社会企业员工的能力,以有效管理社会企业;受益人群能力建设主要是通过培训赋予其必要的技能,使他们实现自给自足。由于能力建设意味着开支,所以能力建设决策某种程度上也是投资决策,会有投资收益。社会企业家需要挑战的是哪些能力建设的投资具有较高的回报。

6.2.3.1 组织能力建设

组织层面的投资项目包括技术和管理技能建设、设备和基础设施安装等。每个投资决策都有直接的财务成本,也有相应的金融回报。社会企业家要对预期回报进行衡量以确定投资决策的合理性。需要注意的是,投资决策并不通用,而要根据社会企业的具体需要做出调整。表6.4以专家咨询、购买设备、厂房等具体问题为例分析了社会企业的投资成本及其回报。

表6.4 社会企业组织能力建设的成本及回报

成本	低回报	高回报
低	不进行专家咨询 使用现有设备 分享办公空间	咨询价格最高的专家 购买最先进的设备 自行建设厂房和办公室
高	无偿专家咨询 购买二手设备 维护现有厂房和办公室	根据市场正常价格进行外部专家咨询 购买新设备 购买厂房和办公室

6.2.3.2 受益人群能力建设

为实现社会使命,社会企业需要加强受益人群的能力建设。社会企业应该确定自己在图6.1中的位置,是仅仅为受益人群提供一个工作机会,还是同时为其提供"硬技能"(生产方法、销售方法、设备使用方法等)的培训?有些社会企业也将"软技能"培训纳入其受益人群能力建设中,如定期举行社会企业价值培训。还有一些社会企业为受益人群提供贷款和储蓄服务。

当然，也有一些社会企业将环境教育、扫盲培训和健康护理服务整合到受益人群能力建设中。

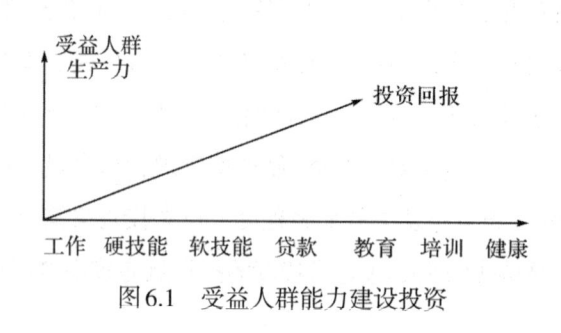

图6.1 受益人群能力建设投资

6.2.4 员工留任

在留住员工方面每个社会企业都有自己的一套。一般而言，社会企业都会用具有感召力的社会使命来留住员工，很多员工即使拿一份比以前低很多的薪水，也会在社会企业继续工作。这往往是因为社会企业的环境和社会使命有吸引力。但仅有使命是不足以吸引和留住社会企业想要的人才的，社会企业还需要在其他方面不断改进和提升，以下四项内容不可或缺。

6.2.4.1 宏大愿景

宏大愿景是激励团队完成社会企业使命的一个途径。从一开始，社会企业就要深深地坚信每个人都能为组织的成功做出贡献，也能为完成公益使命出一份力。没有人会说："我今天开始要做一份新的工作了，可我却不想出力。"也没有人会说："我将从事一份新的工作，可我要努力把事情弄糟。"通常，人们会说："我将从事一份新的工作，我很期待从中成长和发展。"然而，工作中发生的一些事情会让他们变得不想付出，甚至常把事情弄糟。

其实，员工并不是一进入组织便持有消极态度的。他在社会企业里经历了一些事，这些事把一个原本充满希望、梦想和抱负的人，变成一个压抑

第6章
社会企业的卓越领导与高效团队

的人。而正常的过程应该是这样：员工进了社会企业，为组织做出了贡献，内心愉悦。他的工作感受提高了他的生活品质，让他感到作为人的自立和尊严。社会企业要注意不打击员工的积极性，而要支持员工的宏大抱负。

6.2.4.2 发言权

给员工发言权是一件很容易被忽略的事。作为一名领导者，社会企业家常常认为自己已经有答案了，所以没有必要再让员工发言。大部分情况下，这么想是对的。然而，在一个社会企业中，许多决定都充斥着矛盾，给员工越多的发言权，社会企业就越能做出正确的决定。更重要的是，这样能更好地吸引和留住最优秀、最有潜力的人，来助力社会企业发展。

激发员工发言的最好方法之一就是创设讨论会。重构资源公司创设了一个叫作"重建委员会"的论坛，由团队成员轮流主持，任何一个成员都可以设计会议议程。由于"智慧圈"（wisdom circles）项目的推进，这个委员会又扩大了，任何时候，一个团队成员都可以召集三个委员会成员召开一场实时会议，及时评估团队思想动态，并对一些紧迫的问题快速做出决定。

6.2.4.3 话语权

发言权体现在社会企业内部，而话语权则体现在社会企业外部，对员工也有很强大的吸引力，简单来讲，话语权能够让员工为社会企业代言，这是一个非常强大的工具。社会企业所做的事情是改变世界，最关心社会企业事务的人就是自己企业的员工。或许不是每个人都想要成为一个公共发言人，但可以肯定的是，员工会觉得他们对社会企业的所作所为最有话语权。

社会企业一定要给员工介绍自己组织的机会。把他们介绍给客户，让他们接听销售电话，让他们接待来社会企业参观的个人和团队，带他们去展销会，把他们的名字印在产品册上，把他们的简介放在企业网站上。如果社会企业很清楚自己的使命，而且把使命在组织内部上下传达得很透彻，那么社会企业里的每一个人都能把社会企业的故事讲好。

6.2.4.4 仪式活动

对于员工,仪式可能是最有效、最具凝聚力的吸引手段,但同时也是最容易被企业所忽视的一种方式。其实,仪式可以使社会企业的使命变得看得见、摸得着。重构资源公司每周举行一次仪式活动,并在该活动上宣读工作安排,让员工们分享各自的故事。在格里斯通面包店,仪式也同样隆重。所有的活动都是以一段静默开场,向来自五湖四海、性格迥异却结成同盟的队友们互相致敬,这段静默把大家完全带入一种氛围中,使大家专注开会,没有杂念。

6.3 社会企业团队

在最基本的成员人数方面,社会企业的团队很可能会人员不足。非营利性基金(Nonprofit Finance Fund,NFF)为很多社会企业提供过资金支持,该基金的负责人克拉拉·米勒(Clara Miller)女士研究营利性和非营利性行业的主要差异后指出,非营利性和营利性行业的差别在于,非营利性行业通常人员不足,而营利性行业如果正处于扩张期,则通常人员过多。这是社会企业和非社会企业之间的差别。

作为一个整体,社会企业的团队需要容纳一群聪明、自信、专注的人,这样才能在一个全新的领域开展工作,从创造中获得满足。虽然优秀的团队能促进社会企业的成功,但社会企业家仍然需要谨慎地平衡团队的技能组合和动机。现实中,许多以使命为导向的组织往往更加希望员工的价值观与企业的价值观实现统一,形成强势的企业文化,这在组织高速成长阶段是很重要的。在一个组织中,管理者需要时刻保持团队的张力,开诚布公地与团队成员展开对话和讨论。比如,社会企业创始多久了,目前处于生命周期的哪个阶段,现阶段最需要什么样的员工,社会企业目前面临的挑战等。最终,社会企业的团队管理应当确保雇用的员工不是同类型的人,以形成一个互补的团队。

第6章 社会企业的卓越领导与高效团队

案例6.1

残友集团

深圳市残友集团控股股份有限公司(以下简称"残友集团")是一家致力于促进残疾人就业与可持续发展的企业,成立于1999年。成立之初,公司只有5名残障人士、1台电脑。如今,残友集团已发展成为世界上最大的社会企业和唯一的高科技社会企业,拥有9个分公司、300余名残疾大学生员工,形成了一个包括基金会、社会组织群与社会企业群的综合性慈善平台。在自助助人的理念指引下,残友集团使残疾人依靠高科技企业就业,使他们成为软件工程、信息通信及社会公益等领域的专业人才,真正实现了自身价值。

其实,在当今社会,残疾大学生越来越成为具有知识技能的高素质人才。残友集团通过创办企业,提供就业机会,使残疾大学生的人生价值得以真正实现。从创立以来,残友集团保持了近乎于零的低员工离职率,它的人力资源管理可谓非常成功。

1. 领导风格

残友集团的创始人郑卫宁先生自幼患有先天性家族遗传重症——血友病。他靠微薄的积蓄创立了"残友集团",十几年来亲力亲为,不断奉献。作为一名轮椅人士,他带领残友集团实现了残疾人等弱势群体的生存革命。为保证残友集团的稳定持续发展,郑卫宁先生已将残友集团的90%个人股份通过律师公证全部捐赠。除了道德品质方面的引领和激励作用,郑卫宁先生也具有很强的专业能力和管理能力,以他为核心的残疾人团队凭借先进的技术和专业精神,荣获了国家级高新技术企业等多项殊荣。此外,残友集团始终坚持残疾人自我管理、自我滚动发展,实施从董事长、总经理直至中层干部均由残障人士担当的自我管理模式。

2.人力资源管理

残友集团由不同残疾程度的优秀人力资源组成,其员工普遍具有很高的工作敬业度和组织承诺感。具体而言,是由于残友集团在员工培训、职业发展、激励等各个方面都做得非常完善。

(1)招聘

残友集团每年从高校接收优秀的残疾大学生,并通过多种招聘渠道让残疾学生实现就业,具体而言,其招聘渠道包括网络招聘、专场招聘会、与高校建立合作协议等。

(2)培训

每位残疾人进入残友集团后,在包吃包住包洗衣的无障碍保障下,经过带津贴针对性培训,学员期结束可选择留在残友集团亦可选择社会就业。

(3)轮岗

正式入职残友集团的残疾员工,初期实行轮岗,通过内部与外部相结合的培训体系,为每一位员工找到适合自己能力发挥的最好舞台。

(4)分红

残友集团的利润,三分之一用于企业发展,三分之一用于股东分红(基金会为主),三分之一用于员工分红。

(5)退养

任何一名员工,如不能正常工作,无须任何医疗鉴定,即可退休,并按照在残友集团工作期间的最高月工资每月领取薪水。

(6)生活服务

残友集团为员工提供包吃包住包护理的全方位服务。工作时间内的8小时,残疾人可在集体食堂就餐;8小时外,公益机构全面负责员工的生活及料理。

(7)社会参与

为使残疾员工尽快融入公司和社会,避免其产生自卑感和忧虑感,残友集团通过10年的努力,真正帮助残疾人克服了心理障碍,使他们顺利融入社会。

3. 问题与发展

虽然残友集团在人力资源方面有自己的一套管理体系,但实践中仍然存在一些问题。比如,如何让更多专业对口的残疾大学生加入残友集团,如何让员工在相对较短的时间内得到有效培训等。残友集团采用"一老带一新"的人才培训模式来提高新员工的技术水平,完成一个完整的培训计划一般需要9个月时间。这种传统的培训方式需要耗去新员工很多的时间,无形中增加了公司的成本,所以说,企业管理人员需要对培训成本充分重视,以此来控制整个企业的成本。而残友集团想要在未来的人力资源管理上寻求突破,可以建立残友大学、整合内外资源来设计系统的培训课程、将培训考核制度化,以此来提升整个企业的人力资源管理水平。

案例6.2

惠泽人公益

北京惠泽人公益发展中心(以下简称"惠泽人")是一家关注社会领域中志愿服务可持续发展的支持型公益机构,成立于2003年。企业在"生命影响生命"的理念指引下,惠泽人希望通过能力建设让志愿者充满行动的力量,用志愿服务创新社会价值。实践中,惠泽人为志愿者和志愿者组织提供培训、组织发展咨询和社会心理支持等服务,开发和研究中国志愿服务管理机制,倡导和传播志愿精神,以此来提高志愿服务对社会发展的贡献。惠泽人每年为数百家NGO和基层社会服务机构提供专业培训与咨询。

根据惠泽人的组织文化,它致力于发展个人领导力,从而形成学习型团队,同时,使志愿者得到更多的专业支持,从而更有力量、有成效地为社会服务。无论是团队建设,还是志愿者能力建设,惠泽人一直都努力探索,不断开拓。

1. 团队建设

惠泽人在团队建设上,一直坚持"专业顾问+专业志愿者经理(员工)+专业志愿者(volunteer)"这样一条路径。其中,专业顾问模式是惠泽人对国外专业顾问志愿服务进行本土化的结果。

专业志愿服务不同于传统的志愿服务,它是指运用专业人士的特殊技能来为民间公益组织提供专业化服务,如营销、人力资源、法律、财务、IT服务等方面的咨询和培训服务。惠泽人从事专业公益志愿服务,把商业领域有技术、有专业特长的人组织起来,如来自NGO的管理者及从业者、专业培训师以及企业人力资源管理师、国企项目管理人等,然后将这样一支专业的团队直接对接给需要专业技能服务的NGO。由于团队成员各自拥有不同的培训及管理经验,在团队成员的互相激励和启发之下,可以更好地满足社区志愿服务发展及志愿者组织的能力建设需求。

当然,惠泽人也意识到合格的专业志愿服务项目经理对于项目成功非常关键。一个专业的志愿服务项目经理,应该可以开展专业志愿服务需求调研,制订专业志愿服务项目计划,并根据惠泽人项目管理制度和流程实施项目管理。而在专业培训师和项目经理的带动下,更多的专业人才加入到专业志愿者队伍中,使惠泽人的团队更加壮大。

2. 志愿者能力建设

志愿者是NGO的重要人力资源,然而志愿者的管理却一直困扰着各种公益组织。惠泽人从上至下全部由志愿者组成,对它而言,志愿者管理尤为重要。实践中,惠泽人始终坚持将志愿精神作为志愿者管理的宗旨,用参与式发展理论指导管理工作。

(1)将管理者定位于志愿者

惠泽人的机构管理者要像普通志愿者一样每年在惠泽人志愿者工作团注册并交纳会费,接受各专业志愿者小组长的管理,按时参加志愿活动,这种组织成员间的伙伴关系,有助于机构管理者在决策和管理中保持平等视角。

(2)接纳多元志愿工作动机

志愿者加入惠泽人,有的是为了奉献爱心,有的是为了学习新知识、结识新朋友,也有的是为了尝试新的生活方式或者增强人际交往能力。无论动机是不是公益的,惠泽人都会对这些不同的动机保持一种接纳的态度。

(3)建立志愿者阶梯培训体系

惠泽人针对志愿者从初始入门到发展成长为成熟的志愿者设计了一年期三个阶段的培训课程:初级(准志愿者)阶段、中级(专业志愿者)阶段和高级(志愿者发展)阶段。所有阶段的培训都采用参与式,通过互动游戏、角色扮演等方式,激发和促进志愿者的成长。

(4)由志愿者工作团进行自治

为了实现组织成员间关系的平等和相互信任,惠泽人成立了志愿工作团,实行志愿者自治管理。志愿工作团的秘书长由各个志愿工作小组提名推荐,经执管会审议,由惠泽人志愿工作团会员大会选举产生。这种参与式治理促进了惠泽人志愿工作的深入。

(5)建立共同成长机制

每个志愿者都有成长性的需要,只有满足这些基本需要,才可能使志愿者更长久地从事志愿工作。惠泽人尽可能地让更多的志愿者充分发挥个人潜能去开展志愿工作,并在培训和实践中不断成长。

第 7 章 社会企业的顾客至上与使命传递

市场营销的很多话题都是具有挑战性的,而社会企业"改变世界"的目标让营销变得更加复杂,甚至会给社会企业的商业运作增加成本。任何事物都有其两面性,社会企业营销不是一点机会也没有。就如现代营销学之父菲利普·科特勒(Philip Kotler)的至理名言——营销不是孤立的商业工具,它让组织无比接近顾客,是引导组织的哲学。

本章从公益营销策略着手,阐述公益营销与社会企业的关系,接着提出适合社会企业的营销组合策略,分析关系营销对于社会企业的重要性,最后对社会营销问题进行探讨。

7.1 公益营销困境

7.1.1 公益营销与社会企业

公益营销是一种营销传播策略,营利性企业通过它获得正面的社会形象,非营利组织通过它获得公众同情。一般企业会对消费者承诺把所得收入捐赠给公益组织,以便提高产品销量和提升企业形象。

当首批公益营销者尝试进行与公益议题相结合的营销活动时,他们成功地在市场中独树一帜了。然而,现在这种形式已经广为人知,这可以从消费者的一些态度中清晰地感受到。消费者越来越怀疑公益营销的真实

第 7 章
社会企业的顾客至上与使命传递

性和公益营销人员的真实动机。整个营销行业倾尽全力做公益营销,并且在营销投资报告中引用了大量数据来论证消费者需要公益营销。

通过公益营销活动的传播,社会企业可以被公众所熟知。一家企业如果做的是以公共利益为目的的营销活动,并且抛弃了所有打着公益幌子的营销花样,那么在公众的心目中这就是一家社会企业;一家企业如果做的只是以实现自我利益为目的的公益活动,只是为了自身形象而进行市场营销,就不能称其为一家社会企业。

当社会企业本身成为一个公益话题时,那些希望通过社会企业制造市场关注的营销人员,迫切希望与社会企业达成合作,这种合作机会非常有价值,因为通过参与这些营销活动,社会企业可以获得很好的传播效果,并证明自己是纯粹在做公益而没有谋取商业利益。

7.1.2 公益营销的陷阱

首先,公益营销也有陷阱。一些营销人员频频找上门,只是希望社会企业能成为支持营销项目的核心组织。虽然社会企业通过参与营销项目,可以增加曝光率,并且不花一分钱地使企业变得众所周知,但是参与这些项目需要非常谨慎,这些活动也是有陷阱的。通常参与营销活动的社会企业会受到出资方的操控和影响,导致公益营销的重心受到出资方的限制,从而使公益性被淹没。所以在营销计划执行前,社会企业必须确保自己的利益和初衷在计划中得到完全体现,而不要被出资方牵着鼻子走。为了使营销活动体现公益性,与社会企业合作的组织或个人需要长期稳定的公益承诺。

其次,社会企业家要汲取好的法律建议。大多数与社会企业合作的企业有法律代表,这是为了确保所签署的协议文件可以完全代表它们的最佳利益。同样,为了公益影响力,社会企业至少也要拥有法律代表。

最后,要仔细地选择战略合作伙伴。同社会企业合作的商业企业,希望通过社会企业的公益形象,给它们带来积极正面的影响,希望利用社会企业的公益性提升企业形象,同时,在交易中给予社会企业相应的价值回报。这种交易对于一家商业企业是很平常的,争取一些可以提升信誉的公益机会,去抵消公司的不良声誉。但是要保障这些商业企业的行为与社会企业的自身价值观一致,一旦出现背离社会企业价值观的行为,应及时解除合作。

所以,社会企业不能仅把"公益营销"作为一种营销手段,还应时刻小心不要落入公益营销的陷阱中。

7.2 社会企业营销组合策略

公益营销作为一种商业工具,一方面可以让更多的人知晓,另一方面也有可能违背社会企业的价值观。因此,社会企业的营销计划与一般的企业营销计划不同,应优先考虑社会企业的社会目标和使命。

7.2.1 饱含使命感的优质产品和服务

无论是商业企业还是社会企业,顾客都不会接受任何次等品,也不会因为某些产品带有特殊的社会使命就接受它。传统的营销理论认为产品有三个层次:核心产品(core product)、现实产品(actual product)、延伸产品(augmented product)。其中,核心产品位于产品平台的中心,它代表消费者所购买的产品的实质、内在价值与收益。核心产品满足了消费者的欲望,也正是核心产品解决了消费者的问题,因此,社会企业的使命口号只是销售产品和服务的敲门砖。由于消费者具有一定的消费敏感度和社会责任感,社会企业也应提供高于平均价值水平和有核心竞争力的产品与服务。消费者热衷的不仅仅是一家社会企业的使命,更热衷于这家企业富有使命感的优质产品和服务。

例如,格里斯通面包店的产品被很多零售商采购,并且顾客愿意购买

第 7 章
社会企业的顾客至上与使命传递

这些产品，这是因为格里斯通面包店的布朗尼在甜品市场不仅是优秀的，还饱含使命感。格里斯通面包店意识到使命的重要性，因为使命对其起到关键的作用。但是使命是依托产品而生的，不是空想出来的，社会产品真正形成需要运营。也就是说，产品生产工作可以由那些志愿者或失业人员完成，之后将销售获得的全部利润用于企业的公益项目中，这种运营模式让社会企业为社会创造了价值。

对于社会企业来说，为社会创造价值固然重要，但实际情况往往是顾客永远想要好的产品，并且希望好的产品出自值得信赖的公司。由于消费者的压力，迫使社会企业的战略目标必须追求精益求精。

例如，重构资源公司作为一家帮助失足人群重回工作岗位的社会企业，在竞争激烈的B2B行业生存。B2B行业中有着数十种不同的服务规则，如果处理不当，就能使投资方苦不堪言。投资方可能不仅拥有国家级的大规模项目，也有满足更小的本地化需求的项目。一些大型投资方更倾向给予重构资源公司本地小项目而不是真正的大业务。他们怀疑，如果把大业务给予重构资源公司，有着太大的风险，对于重构资源公司来说这类质疑见怪不怪。大型投资方之所以只愿意提供小生意，是因为如果他们搞砸了，既不会使投资方受到很大的损失，也不会影响投资方的主要运营状态。所以重构资源公司的管理者和他的团队在小型业务上花费了非常多的时间以证明自己的能力，直到取得大型投资方的信任，使他们放心地把像家族珠宝这样的大业务托付出来。社会企业与客户相互之间的信任关系需要很长的过程才能实现。

7.2.2 社会效益和经济效益兼顾的价格策略

一些社会企业逐渐向高端消费品市场倾斜，试图以高定价彰显高品质的产品和服务。但也有很多成功的社会企业，如重构资源公司、格里斯通面包店和回馈公司（Give Something Back），并没有顺应这种趋势，它们只是以标准化定价在商品交易市场或类商品交易市场生存。这种做法有力地反驳了大众对于社会企业的错误认知——社会使命带来了高成本,最终会由顾客承担。当社会企业面对每一位供应商和客户时,应遵循相同的标准,但客户经常认定存在"隐藏的"社会成本。社会企业的销售团队必须说服客户,选择社会企业不需要任何额外的付出。

比如,回馈公司作为一家消费品行业的社会企业,20年间已向非营利组织捐赠了超过500万美元的利润,其中利润来源于回馈公司的产品女童子军(Girl Scout)小甜点。实际上,在其他店也能够买到价格相当的巧克力小蛋糕,但顾客都喜欢女童子军小甜点,甚至愿意花更多钱买女童子军产品。

影响价格制定的主要因素有成本因素、需求因素和竞争因素。社会企业对于产品和服务的定价无须在价格上保持竞争优势,但前提是不能让消费者承担过高的"社会成本",因此必须经过非常细致的商业考量,基于社会企业的双重底线原则,选择兼顾社会效益和经济效益的价格策略。

7.2.3 营销渠道策略

在传统营销领域,营销渠道被定义为"某种货物或劳务从生产者向消费者移动时,取得这种货物或劳务所有权或帮助转移其所有权的所有企业或个人"。简单地说,营销渠道就是商品和服务从生产者向消费者转移过程的具体通道或路径。营销工作者希望使用有创意和节约成本的方式来实施渠道策略:①使销售地点更接近消费者;②延长营业时间;③增加销售地点的吸引力;④推动目标受众的购买决定;⑤使目标行为更容易实施。

社会企业营销的渠道策略可以通过科特勒和罗伯托(Roberto)所描述的四个渠道等级来表示(见图7.1)。零级渠道即直接分销,产品由生产商直接提供给目标受众;一级渠道有一个分销中介,通常为零售商;二级渠道有两个中介:当地分销商与零售商;三级渠道有三个中介:分销商、批发商和零售商。选择分销渠道及等级水平时应当考虑潜在目标受众的数量、储藏设施、销售、成本等,目的在于用最有效的、最节约成本的方式接触目标受众。分销渠道不仅仅是营销工作者将产品传递给目标受众的手段,同时还能够有效地增加核心产品的价值。

零级渠道	生产商			目标受众
一级渠道	生产商	零售商		目标受众
二级渠道	生产商	分销商	零售商	目标受众
三级渠道	生产商	分销商	批发商	零售商	目标受众

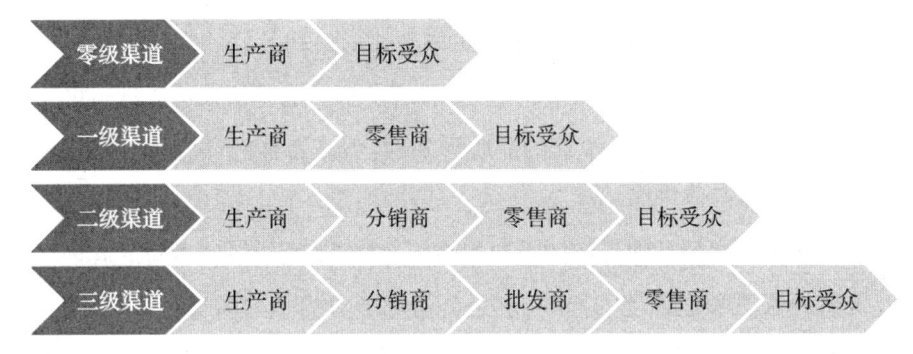

图7.1 不同层次的分销渠道

作为社会企业,渠道的选择更加重要。当社会企业生产出了产品,提供了贴心的服务,还设定了合理的价格,对企业使命也融入了营销策略,就需要选择合适的渠道接触和接近目标受众或消费者,使消费者以最便利的方式接受饱含使命感的产品和服务。在这方面,朱迪·威克斯(Judy Wicks)和她创办的白犬咖啡店(White Dog)就做得非常好。白犬咖啡店是一家公平贸易咖啡店,咖啡店直接面对目标受众,不仅销售咖啡,也以实际行动传递公平贸易的理念。

公平贸易咖啡店的理念是用美味高质的食物吸引顾客加入社会公益活动,咖啡店承载着创始人和每位股东的使命。

(1)采购渠道:从本地农民那里购买种子,向同行竞争者传授购买种子的经验,并且,创办教育项目用来教授消费者怎样购买当地的咖啡。

(2)筹资渠道:捐出20%的利润给基金会,鼓励消费者在消费咖啡的同时捐款,并且出资为顾客专门定制创造社区福利的项目。

(3)传播渠道:每周在白犬咖啡店聚集公平贸易积极分子,并向这些积极参与者介绍环境、收购本土原材料、新能源等方面的知识。

白犬咖啡店把履行这些策略当作对使命的承诺,而且这种基于使命的营销策略是有组织的、脚踏实地的和个性化的。

7.2.4 以品牌认知度为诉求的传播策略

Aaker(1996)提出品牌认知主要是指对被解释的品牌名字和符号的认知程度,Keller(2003)则提出品牌认知与品牌形象相关联。品牌形象可以根据情感的或认知的思维反应,被消费者所了解。品牌认知可以通过两个维度的品牌形象被理解:快速的品牌形象回忆;在特殊的环境中一个人能够想起的品牌形象特征。

品牌认知度是品牌资产的重要组成部分,它是衡量消费者对品牌内涵及价值的认识和理解度的标准,它是公司竞争力的一种体现,特别是在大众消费品市场,消费者会倾向于根据品牌的熟悉程度来决定购买行为。对于社会企业的品牌而言,因为外界对于社会企业的不了解,常常可能导致社会企业的品牌形象陷入困境之中。

由于社会企业是兼顾社会效益和经济效益并具有使命感的组织,其产品和服务也被赋予了更多的社会属性,但由于消费者一贯被动消费,使得社会企业需要做出更大的努力,才能改变消费者的态度和行为。因此,创建社会企业的品牌认知并非易事。

社会企业有两种类型:一类是草根型的社会企业,他们在做事方面可能比其他社会企业做得都好,但却始终默默无闻;另一类是擅长营销的社会企业,这类企业会让大众知道自己一直在做好事,但大众并不清楚这些企业真正做了哪些好事。因此,往往低调做事的社会企业可能是真正身体力行的社会价值创造者。

7.3 社会关系营销

关系营销巩固、建立和增强了企业与顾客和其他合作伙伴之间的关系,为了提高顾客基础和稳定利润收益,企业通过各种方法努力维持同顾客和合作伙伴的良好关系。在商业企业中,企业通过商业促销和优惠,利用重复消费加强这种关系。但是社会企业与顾客和合作伙伴之间的关系并非只是依靠简单的促销和优惠来支撑的，更需要创新的策略形成合作和多赢的社会关系营销。

7.3.1 社会企业和顾客的双向沟通

7.3.1.1 建立信任关系

信任被看作社会关系营销中最为重要的指标之一，是社会企业维系成功的顾客关系的要素之一。在纯商业的世界中，无数的压力令这个世界彻底商品化和失去个性。信任这个纽带逐渐消失，人们越来越忽略人与人之间的交流和互动。如若能建立社会企业和顾客之间的信任关系，那么顾客会更倾向于主动沟通和主动消费。达成信任包括三个要素：①可靠。对方有无能力和实力实现伙伴关系。②真诚。对方是否会书面或口头承诺。③宽容。对方是否包容建立关系的新要求。这三个要素被归纳为能力信任、契约信任和商誉信任。

只有当一家社会企业真正关注人在社会的需求和社会的公共利益时，才能够建立真正的信任关系。与顾客建立真实和诚恳的信任关系，对社会企业来说是一个巨大的市场机会，未来也将成为一笔重要财富。

7.3.1.2 主动沟通策略

建立信任关系的第一步需要社会企业主动向顾客示好。不要期待顾客的主动消费，顾客不会主动迈出第一步，即便是那些表达出忠实于社会企业使命的顾客，也会习惯于等待和观望。与顾客建立关系需要长期的过程，更何况是信任关系。如果社会企业因为顾客的这种被动消费态度而感到受伤害，那么就应该想办法引导他们消费，帮助他们消除造成被动消费的因素。

如朱迪·威克斯和她的白犬咖啡店，每周主动聚集公平贸易积极分子进行讲演，请求她的消费者捐款，并且出资为她的顾客专门定制社区项目，还创办了教育项目用来教授消费者怎样购买当地的咖啡等,这些都是她为了和顾客建立信任关系所做出的努力。又例如,法美食品公司(Franco-American)主动声明将所有的利润全部捐赠给国家儿童慈善组织,由此得到了那些具有社会责任感的消费者的信任。

总之,人们选择社会企业的产品不仅仅考虑的是价格问题,更多的是社会企业与消费者之间产生了共鸣,这种共鸣源于社会企业契合了消费者的社会需求,而社会企业应当通过主动沟通向消费者传播自己的价值理念。

7.3.2 合作与多赢机制

合作是多赢的基础。社会企业通过合作为利益相关者创造价值,实现多赢。社会企业为了建立稳定的客户关系和达成共赢的合作,常常会使用一些营销策略,具体如下。

(1)人性化的使命:尽可能让使命具象化并贴近生活。例如,进取厨房(The Enterprising Kitchen)作为一家社会企业,目标是通过创办就业基金会为低收入女性创造一个美好未来。通过在进取厨房六个月的临时带薪就业培训,让这些贫困妇女学会生活和工作技巧,并提升自我意识和自尊。进取厨房为了让使命更加人性化,让每一位脱贫妇女在产品上都签上了自己的名字,然后再去销售。

(2)富有使命感的产品:重构资源公司为一批又一批的失业者提供了就业岗位,每一个员工背后都有一个感人的故事。当重构资源公司与某家大企业客户沟通时,主动讲述一些员工的励志故事总能获得客户的赞许。虽然只是做些类似于打印订单这样的小事,但对曾经失足的人来说,这个微不足道的活儿就是一份伟大的职业,甚至拯救了一个人的一生。重构资源公司这份使命感会对顾客产生深远影响,顾客感动于这份使命感的同时,还能收获一份优质产品,这个过程是何等的满足。

(3)从小事做起:瓜亚基人(Guayaki)是南美印第安游牧民族,住在巴

第7章
社会企业的顾客至上与使命传递

拉圭东部巴拉圭河和巴拉那河之间的密林山地。瓜亚基人有一句俗语,意思是每天省下一瓶水,一年省下的水可以重建一片森林。社会企业改变世界的愿景需要从身边点滴小事做起,每天为顾客做一点力所能及的小事,日复一日,就在不断地改变着这个世界。

(4)建立共同的社会使命:企业的成功与社会使命息息相关,与志愿者、员工和董事会,甚至是顾客建立共同的社会使命,是社会企业成功的要素之一。

(5)合理运用现有资源:完美烘焙公司(Immaculate Baking Company)是支持美国民间艺术创作的面包烘焙公司。它的创始人布莱克威尔(Blackwell)将烘焙制品中赚得的利润设立了一个基金,用以支持、鼓励和救助民间艺术家继续从事传统民间艺术创作。食物心灵基金会就是其中一个影响力颇大的组织。布莱克威尔的特长在于听取和采纳顾客意见,进而把好的想法整合为具体计划,以满足市场需求。他们的曲奇面团产品很早就得到了非转基因工程机构的认证。消费者和市场在不断变化,这家烘焙公司也跟着一起改变。2013年,完美烘焙公司加入了最受欢迎的通用磨坊集团,新的加盟形式让这家公司更加集中研发和推广新产品,更多优质产品应运而生。

(6)扎根社区:重构资源公司能够为每一个活动提供按成本价出售的印刷T恤,积极吸收"边缘人员"成为社区志愿者。这些边缘人员没有离开过当地社区,但他们却被社区排斥。排斥他们的人可能是母亲、父亲、姐妹或兄弟。

(7)选择代言人:选择自己的顾客作为社会企业的代言人,他们热爱社会企业的产品,并且有较好的形象。代言人可以向大众传播社会企业的正面形象。

(8)创造连锁影响:重构资源公司丝网印刷的主营业务是销售T恤,顾客可能一下子就订走上千件印刷T恤。重构资源公司给每一件售出的T恤都放上了带有重构资源公司标志的保养说明标签。从第一件T恤到上千件T恤的销售,这个标签渐渐地被大家所熟知和铭记。

(9)创造对话的机会:格里斯通面包店把高收入水平消费者爱好的布朗尼推向了各大商场,希望通过消费者的品尝,证明自己拥有全世界最好吃的布朗尼。在这个过程中,格里斯通面包店鼓励店内销售员和顾客进行直接对话,因为这样可以使顾客更加了解格里斯通面包店的背景和历史。

(10)开放资源:如果社会企业的活动很有影响力,必然有人想要了解这个活动的来龙去脉。社会企业不妨开诚布公地分享信息,尽可能把所做的事情公之于众,格里斯通面包店就是一个不错的例子,其在网站上发布各种信息,人人都能关注格里斯通面包店的历程和近况,还可以相互转发和分享格里斯通面包店的故事。

7.4 社会营销

市场营销策略能够帮助社会企业提供优质的产品和服务、制定合理的价格及提升品牌形象,并满足消费者的需求。但随着消费者需求的变化,消费者不再只满足于自身受益,也希望为解决社会问题做出贡献。因此,传统的营销策略已无法满足消费者更高层次的社会需求,社会企业应根据消费者不同层次的需求,选择既满足消费者自身利益又对社会有益的营销策略。这些营销策略被称为社会营销——运用了商业营销手段达到社会目标。

社会营销是基于交换关系的社会活动,不仅为社会企业自身谋利,更多的是为大众和社会造福。社会营销不是说服人们购买产品和服务,而是深入了解大众需求,根据需求来开展多样化的营销活动。社会营销的最终目的是帮助社会企业发现并抓住机会,进而实现社会使命。由于社会企业的行为对社会的影响比商业企业更大,应比商业企业遵守更高标准和秉持正确的道德价值观。随着这方面实践和研究的不断深入,社会营销很有可能成为一股正能量或者社会热潮,促进社会企业良好运营和帮助更多的人。

第7章
社会企业的顾客至上与使命传递

举例来说,长荣旅社(Evergreen Lodge)就是一家做到既满足顾客需求又对社会负责任的家庭旅馆。它们使用的所有广告宣传语均适用于所有受众群体阅读,特别是适合青少年和儿童阅读。宣传语和宣传图中杜绝涉及暴力、政治、酗酒、毒品和性等负面词语,能够让每一位入住的家庭成员感到安全和放心。长荣旅社用一个简单的宣传行为,不仅满足了消费者放心入住的需求,还展现了一份社会责任感。

社会营销比一般的营销更为复杂,因为它要求社会企业承担更多的社会责任。如图7.2所示(MacFadyen,1999):①社会营销的产品属性更为复杂,需要提供对社会有益的产品和服务;②社会营销的目标客户群的社会需求更多,所以更难以接近;③社会营销的消费者更愿意主动参与社会营销活动;④社会营销的竞争环境更为复杂多变,存在许多不确定性。因此对于社会营销而言,满足目标客户群的社会需求难度可想而知。

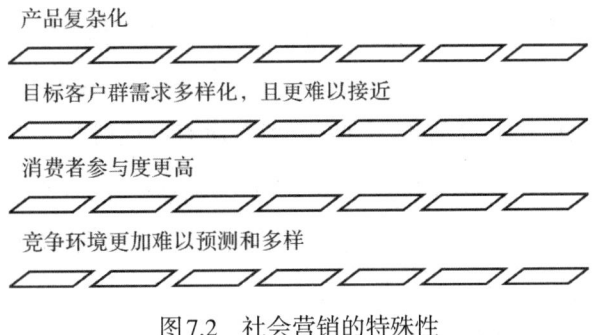

产品复杂化

目标客户群需求多样化,且更难以接近

消费者参与度更高

竞争环境更加难以预测和多样

图7.2 社会营销的特殊性

例如,XZ大学生求职旅社是一家进行社会营销活动的社会企业,它们承担了为来杭大学生找工作寻住处的社会责任。XZ旅社的产品和服务较一般酒店或人力资源服务中介更为多元,既以便宜的价格(28元/晚)为找工作的大学生解决了住宿的问题,又为大学生提供就业机会和信息。XZ旅社的潜在目标客户群是来杭找工作的大学生群体,这些大学生希望降低找工作的成本,想要找到放心的求职中介。XZ旅社鼓励大学生树立正确的求职观,积极尝试、不怕失败。XZ旅社内部还留出就业机会给没有找到工作的大学生作为过渡。XZ旅社尽可能地接近大学生群体,为大学生创造深刻的品牌印象。XZ旅社自创办以来,一直面对激烈的市场竞争环境,低价快捷酒店、群租房都是它的竞争对手。作为一家履行社会责任的企业,XZ旅社还会受到消费者和媒体的挑战,既然做公益为什么还要收费的质疑一直都没有停止过。

7.4.1　社会营销的道德要求

社会营销的核心是顾客。社会营销的任务是在承担社会责任的同时,致力于顾客价值的最大化。完成这一任务要求社会企业积极向顾客传递价值、吸引顾客消费和了解顾客需求。相较传统营销策略,社会营销更强调面向社会大众,会比一般的营销活动更关注顾客的需求和长远利益,以及社会福祉。

商业市场的逻辑认为消费者永远会被价格低廉的产品吸引。根据马斯洛的需求层次理论,这一逻辑只是满足了消费者的最低层次需求。实际上消费者的需求会发生变化,不再只满足于价格低廉、花费节省的产品,他们希望所购买的产品高品质、个性化、对健康有益或对他人有益。如消费者选择环保的新能源替代污染环境的燃料能源,或选择有机食品替代无机食品。因此,社会企业的行为应符合社会道德,多做对社会有益的营销活动,应把道德作为社会营销的核心价值观。

社会营销的道德价值观是一个新兴概念,它是指社会营销应当保障消费者和社会的利益,尽可能地为消费者和社会带来最大价值。社会营销的道德价值观主张社会企业应当平衡和利益相关者之间的关系,起到规范和督促社会企业的营销行为的作用。图7.3列举了社会企业需要遵循的道德准则。

商业企业和社会企业都会面临道德挑战,营销的每个环节更是存在巨大道德风险。面对利诱,社会企业稍有不慎,就会跌入道德陷阱。当利益相关者尤其是顾客,开始质疑社会企业在营销行为不符合道德标准,很有可能为时已晚。本书建议社会企业在社会营销活动中应当遵循社会营销

> 社会营销的道德准则
> - 开展比法律规定更为严格的促销行为
> - 从事对消费者和社会有益的营销活动
> - 不恶意损害竞争者利益的营销行为
> - 尊重消费者的个人选择
> - 选择以消费者为中心的营销策略
> - 实施无道德争议的营销策略

图7.3　社会营销的道德准则

的道德准则,杜绝不道德行为的出现。如图7.4所示,社会营销的道德清单提醒社会企业在进行营销活动之前必须先自查,确保道德风险为零。

> 社会营销的道德清单
> - 确保社会促销行为充分尊重每一个受众
> - 确保社会促销行为公平对待每一个受众
> - 确保社会促销行为有益于每一个受众
> - 确保社会营销行为不给消费者造成伤害
> - 确保社会营销行为能保障消费者的各种权益
> - 确保社会营销行为尽可能多地创造社会福祉

图7.4　社会营销的道德清单

社会营销的道德价值观和道德行为超越了消费者对品牌的认知,不仅有助于提升大众心目中社会企业的品牌形象,还能促进社会企业未来的发展。因此,社会企业在进行营销活动时需要时刻遵守道德价值观,避免做出不道德的行为。在道德监督缺失的市场环境中,不道德的营销活动也许能够让社会企业创造不菲的收入,但其代价也是巨大的——破坏正常的市场竞争秩序,损害同行利益,无形之中增加了社会成本,严重的可能导致社会企业无法正常运营。

社会企业在诚信营销的同时,也应向目标客户群传递道德价值观,这也是社会企业在进行社会营销活动时应履行的一份责任。如图7.5所示,社会道德的传递需要考虑适用性、可接近性、公平性、可接受性及有效性等原则:①适用性要求社会企业满足多样化的个人或社区喜好、愿望和需求;

②可接近性要求社会企业提前对市场进行细分,准确定位潜在目标客户群;③公平性要求社会企业为不同环境下的目标客户群创造公平的价值;④可接受性要求社会企业的服务质量和提供的服务得到目标客户群的认可;⑤有效性要求社会企业为顾客和社区创造有效的社会价值。

适用性	可接近性	公平性	可接受性	有效性
满足多样化的个人或社区喜好、愿望和需求	提前对市场进行细分,准确定位潜在目标客户群	为不同环境下的目标客户群创造公平的价值	服务质量和提供的服务得到目标客户群的认可	为顾客和社区创造有效的社会价值

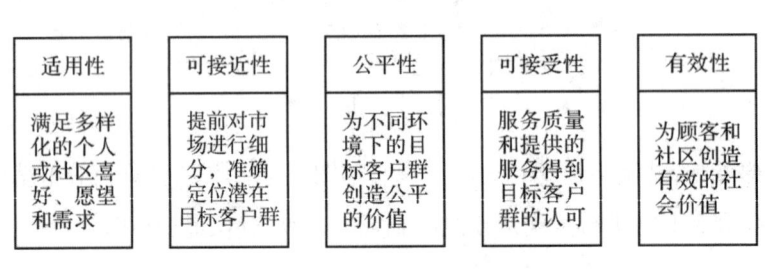

图7.5 社会道德的传递原则

7.4.2 社会营销的社会价值

商业市场中的消费者根据个体偏好选择产品和服务,这种选择决定厂商的产品和服务是否被青睐,最终决定企业的利润和再生产行为。总体来看,这种个体偏好遵循"低价高质"的规律,这一规律在社会产品市场中并不尽然。社会企业的消费者有一定的社会诉求,远不止个人偏好那么简单。一般来说,社会营销策划首先需要考虑产品和服务能否解决社会问题,为社会创造价值;其次是满足消费者需求,获得满意产品和服务。当然两者不可偏废。

尽管社会营销活动不同于一般的商业市场营销行为,但是在产品和服务的生产和传递过程中与一般营销活动的基本原则相似,这些基本原则包括以下方面。

(1)价值原则:尽管享受社会企业产品和服务的受益人可能与普通消费者不是同一群体,但是他们依然在意所购买的产品是否有价值,这里的价值包括有形价值和无形价值。如慈善超市中的消费者是有社会责任感的大众,而慈善超市所获善款用以帮助需要救助的人群,表面上看消费者和受益者分离了,但是这里的消费者不是捐赠者,他们依然看重价值——

产品使用价值和社会责任感价值。

(2)自愿选择原则:商业市场中的消费者依据个人偏好进行商品选择,社会企业的消费者在满足个人利益的同时更希望通过购买社会企业产品帮助他人,为社会出力。不管何种形式,消费者都拥有个人选择的自由。换言之,只有那些相信自己的购买行为是对社会有益的人群,才能够成为社会企业的消费者,任何强迫或者硬性推销对于社会企业来说,都是无用功。

(3)信息传播原则:消费者需要明确的信息,社会企业在信息传播过程中应尽量避免信息的不对称,尤其在社会营销传播中不能给消费者传播错误或具有欺骗性的信息,一旦存在这方面的蛛丝马迹,消费者的反感程度可能比商业企业更为严厉。社会企业应当牢记,消费者的口碑可以决定社会企业的成败,随时随地都应当赢得消费者的支持。

(4)补偿原则:消费者在市场中可能会遇到不公平待遇,如产品破损、企业员工服务态度不好、服务不及时等。为了保障消费者的利益,社会企业需要制定一套补偿机制,为了能快速且公平地解决消费者对产品或服务的不满。补偿机制的存在能为社会企业带来很大的好处,确保产品令消费者满意,并可以从消费者的投诉中获取关于社会企业产品和服务质量的意见和建议。

(5)代表原则:与商业企业类似,社会企业应当在制定营销决策时,听取意见领袖的观点。他们代表了消费者的一般利益,有时还代表了某个社区的利益。掌握代表原则的社会营销活动,往往有事半功倍的效果。

总的来说,社会营销是社会企业解决双重底线挑战的最佳选择。通过社会营销,社会企业实现收支平衡或者收益大于开支,以至于可持续经营。当然更大的目标是——社会企业兑现向弱势群体的承诺,提供力所能及的产品或善款。如果说,社会营销还有第三层意义的话,那就是传递社会责任、传播公益力量,最终达到改变世界的目的。因此,社会营销活动帮助社会企业以商业的营销手段实现社会使命。

案例7.1

银巢养老

银巢是一个致力于促进老年群体与社会需求对接的非营利组织。它们首先开发了老年人精神能力评估系统，利用这一系统评估了老年群体的经验和技能，为项目实施提供了基础。随后，银巢建立了"一老一故事"信息平台和智能数据管理系统，以便将老年群体的技能转化为产品，为社区老人提供多样化的养老服务。此外，银巢还通过与政府、企业和高校的合作，开设了老年大学银巢分校和益动社区项目，为老年人打造了全方位的适老空间，提供居家养老一站式服务。在运营过程中，银巢不断探索多部门联动、自我造血的运营模式，并得到了政府、企业和社会各界的大力支持，为老年群体提供了更多的社会参与机会，也为社会创造了更大的价值。

1.SWOT分析

优势(strengths)：银巢有独特的项目定位，致力于将老年人从被服务者转变为价值创造者，这一创新理念吸引了社会的关注和支持。其开发的老年人精神能力评估系统和长者未来项目等创新产品满足了老年人的精神需求，提升了生活质量。此外，银巢与地方政府、企业、高校等多方合作，形成了多部门联动的运营模式，在社区建立了46家社区基地，为项目提供了充足的资源支持和政策背书。

劣势(weaknesses)：在创办初期，银巢面临着资金、人力资源等方面的困难，导致项目推进缓慢，需要不断寻找支持和合作机会。团队成员多为在校大学生，存在人员流动性大的问题，可能影响项目的长期稳定发展和运营效率。此外，政策环境的变化可能影响项目的运营和发展方向，存在一定的不确定性。相较于传统养老机构，银巢是一个新兴的社会组织，团队成员可能缺乏充分的养老服务经验,需要不断学习和改进。

机会(opportunities):随着社会对老年人生活质量关注度的增加,银巢的创新理念和服务模式有望得到更广泛的认可和支持,吸引更多合作伙伴的加入。政府出台的有利于老年人福利和社区养老服务的政策,为银巢提供了良好的政策环境和发展机遇。随着社会老龄化程度的不断加深,老年人对于精神文化需求和社区服务的需求将不断增加,为银巢提供了广阔的市场空间和发展前景。科技的发展为银巢提供了更多创新的可能性,可以通过信息技术和智能化手段提升服务水平和用户体验,增强竞争优势。

威胁(threats):随着社会组织和企业进入养老服务领域的增加,银巢可能面临来自其他机构的竞争压力。政府政策的变化可能对项目的运营和发展产生影响。例如,补贴政策的调整、监管政策的变化等,需要及时调整应对策略。社会组织领域人才的稀缺性是一个长期存在的问题,银巢可能面临人才招聘和培养的挑战,影响项目的长期发展。依赖于信息技术和智能化手段的服务模式可能面临技术故障、信息泄露等风险,需要加强技术安全和风险管理。

2.营销策略

产品策略:银巢的产品策略主要集中在创新项目的开发和提供上。银巢首先通过自主研发评估系统来了解老年人的精神能力和经验价值,然后利用这些数据设计了一系列产品,如在线信息平台、智能数据管理系统等,以满足老年人的需求,并将老年人的才艺和技能转化为具体的产品,如网络课程、社区活动等。此外,银巢还开发了特色项目,如老年大学、社区文化服务等,以提供全方位的养老服务。

价格策略:银巢的价格策略主要依托于政府购买服务和社会买单两大方面。在政府购买服务方面,银巢与地方政府合作,获得公益创投资金,以支持项目的运营和发展;在社会买单方面,银巢通过为老年人提供服务并收取费用、与企业合作推广服务等方式获取收入。同时，银巢还开设艺术文化服务等项目，通过较低的收费吸引用户，并通过其他渠道实现盈利。

品牌管理：银巢通过与多个部门、机构的合作建立了多方联动的运营模式，这有助于提升品牌的知名度和影响力。它们还注重与政府、企业、高校等合作伙伴建立长期稳定的关系，以确保项目的顺利实施和发展。此外，银巢在营销活动中注重传播正能量和社会责任感，这有助于树立良好的品牌形象，并吸引更多的用户和合作伙伴。

案例7.2

恒星乐乐

恒星乐乐是一家面向3~13岁孤独症儿童的社交能力发展平台，旨在通过科学干预帮助这一特殊群体发展社交、认知、运动等多方面的能力，让他们更好地融入社会。平台成立于一项国家社科基金项目成果之上，通过苏州大学刘电芝教授的指导和多年的科研实验，致力于将科学研究成果转化为实际的干预措施，以提升孤独症儿童的生活质量。在过去的几年中，恒星乐乐不断探索创新，建立了一套综合的干预体系，包括线下"大社交"团体训练、线上家庭干预赋能等多种形式。通过这些举措，平台试图打破孤独症儿童与社会之间的隔阂，让更多的孩子能够被社会接纳和理解，实现其在社会中的平等地位和作用。

恒星乐乐作为一家非营利组织，在面对市场竞争和社会需求时，制定了有效的营销策略来推广其服务和影响力。以下是恒星乐乐采用的主要营销策略。

(1) 科学认可和专业认证

通过引入认知心理学、发展与教育心理学及社会心理学等前沿理论，恒星乐乐能够确保其干预措施的科学性和专业性。这种科学基础为其提供了在孤独症干预领域的权威性，使其成为业内的领先者。在慈善领域，公众对于慈善机构的科学认可十分重视。由于孤独症儿童的特殊性，家长们更愿意将他们的孩子交由那些具有科学背景和专业知识的机构进行干预和帮助。恒星乐乐通过引入前沿理论和借助权威指导，成功地树立了其在行业内的科学认可，这使得家长们更加信任并愿意选择恒星乐乐作为他们孩子的干预平台。

此外，科学认可还有助于建立恒星乐乐在行业内的信誉和声誉。在竞争激烈的慈善市场中，一个机构的声誉和信誉往往决定了其是否能够吸引更多的关注和资源。由于恒星乐乐建立了科学的干预体系，并得到了专业人士的认可，其在行业内的信誉和声誉得到了极大提升。这不仅有助于吸引更多专业人士和家长的关注和信任，还为其后续的发展和扩张打下了坚实的基础。

(2)社交化营销策略

社交化营销策略将孤独症儿童及其家长聚集在一起，通过线下的"大社交"团体训练和线上家庭干预赋能，为他们提供了一个共同体感的平台。在这个平台上，他们可以分享彼此的经验、感受，建立起相互理解和认同的关系。这种共同体感不仅有助于提升用户的忠诚度，更重要的是加强了社会中对孤独症儿童及其家庭的关注和支持。通过强调与全社会共同探索的理念，恒星乐乐激发了用户对社会问题的关注和参与意识。在参与平台活动的过程中，用户不仅可以获得帮助和支持，也意识到自己具有承担社会责任的职能，有义务为解决社会问题做出贡献。这种社会责任感的培养不仅有助于推广恒星乐乐的服务，更有助于推动整个社会对孤独症儿童问题的关注和改善。通过社交化的营销方式，恒星乐乐与用户建立了长期的互动和信任关系。在线下的团体训练和线上的家庭干预中，用户与平台形成了密切的互动，建立了彼此间的信任和支持。这种长期的互动关系不仅有助于提高用户的满意度和忠诚度，更为慈善组织提供了一个持续推广和宣传的平台。

(3)品牌定位和社会责任

恒星乐乐通过强调对孤独症儿童的关注和支持，树立了积极向上的品牌形象。其品牌形象不仅令人感到亲近和信任，还能让消费者感受到品牌的温暖和关怀，从而更愿意支持和信赖该品牌。恒星乐乐不仅关注自身利益，更注重对社会的回馈。这种社会责任感能够深深触动潜在用户的内心，促使他们更愿意支持并成为品牌的忠实粉丝。恒星乐乐的社会责任定位不仅吸引了潜在用户的注意，还可能获得政府、非营利组织等多方的支持和合作。政府可能通过政策支持或资金投入来支持恒星乐乐的活动和项目，而其他非营利组织则可能与其合作，共同推动孤独症儿童的福利事业。

第 8 章　社会企业的创新思路与精益实践

创新不仅是发明新事物,也包括对已有事物的改变或改进,创新者往往为改变现状而努力探索并着手变革。小企业的创新比大企业更容易,因为它灵活性强、创新成本低且见效显著。在由传统商业企业占主流的世界里,少数社会企业的创立本身就是一种创新,因为它是从主流商业企业中破壳而出的新生事物,社会企业的理念也是一种创新性思维。因此,社会企业面对的现实和挑战是只有少数的商业企业愿意转型为社会企业,大多数商业企业不愿意这样做。

本章通过对创新原理的阐述,强化读者对社会企业开展创新事业的认知,进而提出社会企业应如何进行创新管理和传播创新。其中,精益思想是社会企业经典的创新管理方法论,社会化媒体是营销传播策略中值得借鉴的新方法。

8.1　社会企业创新管理

8.1.1　社会企业创新战略

创新是指以新颖独创的方法解决问题的思维过程。这种思维能突破常规思维的界限,以超常规甚至反常规的视角去思考问题,提出与众不同的解决方案,从而产生新颖的、独到的、有社会意义的思维成果。社会企业是一种创新思维的产物,它打破了常规的商业企业思维,创造性地将社会目标和商业行动结合起来。

8.1.1.1 创新作为一种战略

战略是一门关于规划的科学,源于军事管理。创新战略同军事战略一样,是为了获取竞争优势而制定的一系列创新抉择和富有创新的举措。作为社会企业,创新战略选择具有几个特点。首先是具有小企业创新战略的属性,即灵活、随需而变,对环境变化保持高度敏感。其次是具有公共部门组织的战略导向,即更多考虑惠及大多数人群的利益。最后是在失败中不断学习,不断寻求最优战略。社会企业应当成为鼓励创新和包容失败的组织,在其发展过程中可能会因为企业家一个不成熟的想法导致决策失败,这就需要社会企业审视自身愿景和价值观,从失败中总结教训。这种在失败中学习的能力应该从组织高层逐级传递给员工乃至社会企业的利益相关者。

8.1.1.2 创新作为一种态度

如果战略是社会企业创新成功的第一步,那么迎接变化便是社会企业创新成功的第二步。成功的组织创造出一种随时迎接变化的阳光心态。当商业环境出现变化时,管理这个变化过程的能力决定着社会企业的创新成败。

创新可以从生命周期和演化模型中找到规律。创立期的社会企业的创新更多限于本地化创新;发展期的社会企业的创新活动范围便扩大到了一个区域或一个国家范围,通过这种扩张,组织化和制度化程度越来越高,这个时间是较大规模社会创新的爆发时期;成熟期的社会企业创新,更多表现为一种解决社会问题的模式形成并被逐渐推广和复制。

社会企业的成长不依赖于传统商业企业的衡量指标。衡量传统商业企业的指标包括公司绩效、部门绩效和人均绩效,而衡量社会企业的指标是混合型的,首先要考虑的是社会影响力,比如对社区的服务是否塑造了影响力和口碑等。当然社会企业也与商业企业有很多相似之处,如它的快速增长和竞争力优势都是从市场竞争中获得的。如太空杂技学校(Circus Space),从这家企业的网站中似乎很难识别它是一家社会企业,但它的的确确是一家社会企业,它是欧洲最好的三所马戏团学校之一,在过去几年内回报率增长了380%,成为欧洲最具有代表性的社会企业。创业初期,创始人处心积虑地在附近社区中寻找合适场地,直到发现了一家废弃的供电站,依靠这个废弃供电站,学校开始了学位课程教育和私人培训,并且做到了这些项目有利润。发展至今,太空杂技学校已经成为所在社区的重要标志,为社区年轻人提供了上百种培训课程项目,还是伦敦东部的主要创收大户。之所以说它是一家社会企业,不在于其持续盈利,而是其为社区带来了显著的社会效益,其社会效益之一是实现了废弃的供电站的再利用,之二是为社区的年轻人提供了物美价廉和富有实效的课程培训。

8.1.2　社会企业创新路径

创新是为了更好地满足需求,这便意味着通过新事物来发现机会和应对变化。创新过程与新技术息息相关,也与服务过程、营销策略或资源整合相关。换句话说,林林总总的创新举措都是为了确保创新战略的实施,构筑持续优势。

社会企业应该致力于提供一种新产品或服务,或运用新技术手段和方法对旧产品进行革新。为了实现这个目标,社会企业特别需要集中各种能人一道参与,形成一个包括发明家、创业家和经理人员在内的核心团队。这些团队成员都是各个领域的专家,他们之间需要形成共同的价值观,处理好意见冲突和利益矛盾,平衡好顾客与利益相关者之间的关系。

在社会企业内部,也要形成鼓励创新的文化和激励机制,可以从认知、能力和社会关系三个维度入手。在认知方面,社会企业应致力于发掘创新思想或观点,鼓励开发新技术和运用新技术;在能力方面,社会企业应把全部的管理工作定位于激发创新,让有创新能力的人脱颖而出;在社会关系方面,组织内部形成分享观点、建构新知、协同互动的创新网络。

鉴于社会企业的资源匮乏,所以产品和服务的创新不能单纯地依赖于员工个人能力或志愿者的创新精神,需要向外部环境寻求其他资源。社会企业可以从外部网络中寻找合作伙伴,来实现创新突围,这种合作伙伴关系的建立比营利性企业建立合作伙伴关系要容易得多,但是要意识到社会企业合作伙伴的紧密程度往往不会太高。这是因为社会企业与外部联系通常很难有契约保障和经济利益制约。

除了在产品和服务上寻求突破,社会企业的创新管理还需要考虑如何满足顾客的需求和创造顾客价值。为了满足顾客的需求,社会企业不妨从以下三点入手分析:①定义顾客价值(市场调研、核心价值分析和顾客经济分析);②创造顾客价值(新产品开发、分销渠道的建立、伙伴选择和终端定价策略);③传递顾客价值(销售、转化过程、售后服务和顾客培训)。

社会企业的创新途径既包括新产品或服务创新、顾客价值创新,也包括营销策略创新和运营创新,比如运用社会化媒体来开展营销和融资;再比如运用精益思想来大幅度缩减成本和提高质量。这些问题将在以下篇幅中逐一详述。

8.2 精益化运营创新

8.2.1 社会成本

传统商业企业对于承担社会责任倍感压力,害怕承担社会责任是因为公益性活动使企业增加了成本。因公益活动而增加的成本即为社会成本。当企业基于社会成本的角度评估商业行为时,通常看到的是付出而不是所得。

从传统商业的角度来看,做公益的企业是损失的。如果一家企业为了保护环境参与公平贸易或使用可再生能源的话,那么这家企业的产品和服

第8章
社会企业的创新思路与精益实践

务价格就会提高,很有可能会失去顾客;如果一家企业愿意主动支付员工最低生活保障金,提供一流的福利和保证合理的工作时间,那么这又会增加人工成本;如果一家企业的生产制造地在发展中国家,需要遵守当地的社保政策,则又会增加一笔社会成本;如果一家企业愿意把利润捐赠给社区并鼓励员工参与志愿活动,那么这意味着利润增长空间缩小;如果一家企业愿意服从环保规定和使用环保节能设备,那么就需要付出更多的生产成本。诸如此类,大多数商业企业视公益活动为成本,不愿意履行更多的社会责任。

所幸的是,一些商业企业率先有所转变。越来越多的环保产品开始涌现出来,越来越多的企业争当最佳雇主,越来越多的企业开始自觉恪守行业规则。这些行为的出现一半是因为公众意识的树立,一半可能还是出于履行社会责任可以降低商业企业的成本的基本认知。不管怎样,商业企业的良性转变是令人欣喜和期待的。

社会成本也面临一定的技术障碍。企业复式记账法要求记录每一笔成本支出,但是对于环境成本与社会成本的处理却是模糊的,因此导致很多人认为公益性活动的成本在财务账目上无法体现,这也是导致商业企业不愿意承担社会责任的原因。虽然现有的财务报告不能呈现社会成本,但从长远来看,公益性活动有助于企业赢得良好的形象与口碑,会给企业带来意想不到的财富,所以可以预言,社会成本终究会在企业经营过程中逐渐从"隐性"状态变为"显性"状态,实现在企业财务账目中的摊销与处理。

社会成本入账不清的问题对于社会企业来说,只是技术问题,并不存在商业企业所谓的"不情愿"。鉴于社会企业与生俱来的社会使命,人们日益期待有一套不同于商业企业的财务指标体系,或者设置出可以体现社会成本的会计科目,这样会使更多的社会企业名正言顺地开展公益活动,并享受到社会成本可能带来的税收优惠。不过,在政策远未出台之前,社会企业不应该过于理想化。鉴于社会成本是无法转移到消费者身上的,缩减社会成本对社会企业格外重要。

8.2.2 引入精益思想

对于商业企业,每一次带有社会成本性质的行动都应当被社会所鼓励。相反,对于社会企业来说,每一项社会成本都应该被视为"瓶颈"。只有当社会企业意识到社会成本是一项"瓶颈"而不是理所应当的开销时,社会企业才会自觉减少浪费和节约成本,并致力于发展一套流程。精益思想,值得借鉴。

8.2.2.1 精益社会企业

在《改变世界的机器:精益生产的故事》(The Machine That Changed the World: The Story of Lean Production)一书中,"精益生产"来源于丰田公司生产系统的创新,之后在一部具有里程碑意义的作品《精益思想》(Lean Thinking)中得到进一步体现。"精益生产"是一个会引发歧义的说法。实际上"精益"不限于生产环境,还适用于非生产环境,比如零售业和服务业。

社会企业的精益不仅仅限于社会企业的生产方面,而是社会企业的全部。《精益思想》有一个核心原则,即任何无益于增加价值的行为都是浪费,而任何浪费都会降低社会企业的竞争力和社会责任感,因此,社会企业必须杜绝所有的浪费。

格里斯通面包店对精益社会企业是一个很好的诠释。格里斯通面包店的生产核心是制作巧克力布朗尼,并把布朗尼按照细致入微的程序放入班杰利公司的冰激凌里。班杰利公司的冰激凌口感很大程度上取决于布朗尼的质量。为了做出适宜于冰激凌使用的布朗尼,格里斯通面包店购买最好的纯天然原料,主要有面粉、糖、可可、豆油和香草。员工们为了确保原料的品质,使用了一种特定的方法,一丝不苟地检测每一种原料之后,再把所有原料混合。员工们会小心翼翼地取出一定数量混合物放在盘子上,设定一定的温度和时间烧烤,然后在特定温度下将烧烤产品冷却下来,最后在常温下进行切割和包装。

格里斯通面包店制作巧克力布朗尼的流程非常细致入微：第一步，可可、面粉、豆油和香草进入工厂被重新加工；第二步，原料被接收、称重、计数和储存；第三步，把这些原料从储存间转移到烘焙层；第四步，原料被重新用袋子和包裹包装；第五步，将所有原料混合在一起，立即放入烘焙盘，并放入烤箱；第六步，从烤箱中拿出冷却，然后切割包装。

格里斯通面包店的这一系列操作步骤都是为了确保布朗尼的品质，从而保证冰激凌口感更受欢迎。如果没有生产制作流程的具体记录，就不会了解高品质的巧克力布朗尼是如何制作出来的。但是班杰利公司愿意购买高品质的巧克力布朗尼，是因为巧克力布朗尼的口感，而非按部就班的生产制作过程。所以即使把这些过程全部淘汰，只要不影响布朗尼的口感，就不会影响格里斯通面包店的销售。

这种"淘汰"就是精益思想的体现，它同样适用于其他经营流程，如销售的服务流程、后勤流程、研发流程、采购流程等。所以，社会企业不仅需要学会如何精益地"淘汰"，更需要了解如何做到精益管理。

8.2.2.2 精益管理

通过精益管理，可以重新对社会企业的管理步骤进行分类。①增值的行为：为客户实实在在地在产品方面做到形状、适用或功能三个方面需求的满足，有形地增加价值。这是为吸引顾客群所做的行为。②非增值的行为：即没有为顾客、产品或服务增加任何价值的行为。③非增值的核心行为：比如格里斯通面包店以过分复杂的生产流程建立自身竞争优势，但顾客其实并不感兴趣。

无论对企业有多少好处，任何不增加价值的行为都被认为是浪费，必须剔除。在格里斯通面包店的案例中，无论是非增值的行为还是非增值的核心行为都应被减少到最小化。在很多精益管理文献中，都有一份关于浪费的清单（见表8.1）。认识浪费类型，可以全面地对精益管理进行实践。

表8.1 七种浪费类型

浪费类型	浪费的原因
运输浪费	货物运输过程中产生的损耗
生产等待浪费	生产线各环节速度不一,导致个别环节货物堆压
生产过剩浪费	生产过多的产品或太早把产品生产出来
过失浪费	劣质品检测与修复的代价
存货浪费	囤积产品
人力浪费	员工流动
过度加工浪费	对产品加工的重视程度比顾客需求的重视程度更甚

消除浪费决定了社会企业的生存,精益社会企业需要为了创造价值的行为付出更多的精力,例如为顾客创造出更好的产品。对没有创造价值的行为投入更少的成本,可以为社会企业赚得更有竞争性的价格、更好的利润额和组织成长的资本。最终,精益的社会企业比非精益的社会企业更具有持续力。

顾客判断价值的标准与视角是与企业不同的。对顾客而言,任何与创造价值无关的付出,顾客均无法感知,但社会企业有时并不知道哪些付出对顾客是没有价值的,因此,社会企业只能基于自身的角度,把任何有损于社会企业使命的行为从管理过程中剔除。作为社会企业,除了要树立独一无二的价值观外,还必须具有精益管理策略和技能。

8.2.3 精益管理策略

精益看似简单却很烦琐。真正会帮助社会企业消灭商业浪费和无效行为的精益方法,是社会企业根据自身的条件与资源自行确立的。因为每一家社会企业都是独一无二的,其他企业的精益工具即使运用成功,也未必适合本企业,所以必须开发适合自己企业的精益工具。

精益是非常特殊的哲学,没有通用的精益工具,每个公司必须根据自身的特点做出改善。一些精益方法擅长提高效率,一些精益方法擅长减少成本,还有一些精益方法擅长提高质量,但所有的精益方法的目标都是消

第 8 章
社会企业的创新思路与精益实践

除浪费。因此,在重构资源公司里,精益的定义是只要在合适的时间合适的地点做合适的事情,就能为企业减少浪费。

精益的成功条件之一是规范的组织管理,对于一家社会企业而言,它体现了对避免浪费和消灭浪费的承诺。企业所做的每一件事的核心都围绕着顾客价值和使命价值,精益求精地不断改变可以激励人们具有共同社会目标。

精益方法层出不穷、灵活多样,最有特点的方法主要有以下方面。①价值流程图:用图解法表示所有社会企业的增值和非增值行为;②Kaizen经营改善法:从改革中汲取智慧;③5S管理法:通过整理、整顿、清洁、保持与培养的原则,剔除潜在的资源损耗。总之,熟练运用这些精益工具会使社会企业突飞猛进地发展。

8.2.3.1 价值流程图

价值流程图是精益思想策略的核心。对于传统企业来说,价值流程图涉及识别、测量、图解和完成所有增值和非增值的行为,是原材料转化为产品进而传递到顾客手中的过程。对于社会企业来说,价值流程图也是影响使命传递的工具。价值流程图运用了一些特定的术语和标志来表述价值创造的不同方面,可以用于识别哪些环节创造了价值。

价值流程图从任务的当前状态描述开始(经常被称为"现状图"),之后进入无损耗世界中的任务状态描述("未来图")。介于现状和未来状态之间的空白被当作精益项目的焦点。价值流程图总的来说既可以在组织的宏观层面完成,也可以在职责明确的微观层面完成,如一个部门、一条生产线或一条单独的制造生产线。在宏观层面上,运用价值流程图可以识别优先目标。在微观层面上,运用价值流程图,可以做到:①为了流程连续,避免间歇生产和队列生产;②运用节点思维,可以缩短生产线和生产序列,建立独立的、可替换的、可转移的产品功能;③通过重新设计和机器序列的问题减少加工时间;④执行FIFO(先入先出)系统的规则,以避免过时、浪费和变质。

8.2.3.2 Kaizen经营改善法

如果说到精益思想,就会涉及很多日语词汇,如Heijunka(均衡化生产)、Muda(非增值作业)和常见的Poka-yoke(防错法)。这里提到的Kaizen是指经营改善法,是对社会企业来说最重要的精益工具。它由两个词组成:Kai和Zen。Kai的意思是"去改善",Zen的意思是"从所做的事情中获取智慧",把它们组合在一起,就是"智慧源于改变"。

Kaizen经营改善法弥补了价值流程图遗留的问题。在绘制价值流程图的过程中,必须寻找现状和理想状态之间的差距,然而,如何让这个过程成为持续的过程呢?唯有不断地改善才行。换句话说,一个刚刚完成改善的流程会成为再次改善的起点,改善这个流程时获得的知识和经验可以运用到改善其他流程中去。精益企业否定了传统思维:例如,传统观点认为,设备是需要定期维护和保养的,但是精益思想却认为如果设备没有坏到不能使用,就无须维护。Kaizen的哲学思维是要做到更好,如果不好就一直改善它。

社会企业一定要信任一线员工,因为很多问题都是一线员工在第一时间发现和解决的,这是一个"量变"的积累。社会企业的重点则是如何把这种"量变"转化为"质变",转化的前提是让这种"量变"加剧,因为只有"量变"足够多,"质变"才有可能,所以社会企业应把重心放在改善员工意识上面,让员工更多地去发现和解决问题,实现"量变"增加。任何对改善有利的方法,都是好方法,没有优劣之分。改善是为了消灭浪费和发掘更多的员工智慧。

8.2.3.3 5S管理法

5S管理法是从日本管家理论中总结的。其基本观点是只要有不整洁的地方存在,就说明垃圾依然存在,只有整理干净了,隐藏的垃圾才能够被发现并被整理清除。5S是整理(seiri)、整顿(seiton)、清扫(seiso)、清洁(seikeetsu)和素养(shitsuke)这5个单词的缩写,已经日益成为现场管理的系统工具,值得社会企业借鉴。

无论是为了企业的一片区域、一个部门还是整个工厂,都需按照以下步骤进行：①整理（分类）。把所有物品分为必需品、归还品、非必需品。②整顿（归位）。必需品放在固定的位置上，要腾出放置这些物品的空间，将所有物品都放在正确的地方或者物归原地。③清扫（除废）。通过深度清扫，擦亮整个工作区域。④清洁（保持）。通过前面3S实施的计划和体系，维持所创造的稳定和清洁的状态。⑤素养。执行、管理和巩固上述功能，培养基于5S的组织文化。

8.2.4 精益思想与使命传递

重构资源公司的核心价值是帮助那些希望重回生活正轨的人们，以及培养那些有能力开展工作而变得自立的人们。对于这家公司来说，使命实现意味着获得帮助的人们学成离开，并获得工作机会。

然而若干年前的情况并非如此。学员在完成培训课程后变得流连忘返，并不积极寻找就业，只有在万不得已的情况下才会走入人才市场。这是因为重构资源公司提供的环境对于这些学员来说太舒适安逸了，他们宁可滞留在培训项目里。公司高层很快意识到这种局面与社会企业的目标和使命是相悖的，所以开始着手对培训项目进行精益实践。他们不仅为培训项目设置了一个培训最后截止时间，还设置了一个类似于"最后通牒"的"提醒服务"，及时告知学员应该离开培训项目去寻找工作了。

此外，公司为了让学员顺利地进入职场专门创建了培训评估流程，目的是让学员清楚地知晓自己在每一个培训阶段所获得的进步。所有结业培训的学员，都将获得公司精心准备的入职流程和职场攻略一份，以帮助他们迅速适应新工作。

精益实践令重构资源公司获得了声誉。公司每年可以获得不菲的营业收入，还为顾客创造了终身受益的价值。通过精益实践，公司所有雇员都变得更有使命感，更加专注于工作和更加忠诚于组织。

重构资源公司已经成为社会企业的行业标杆，是精益思想策略与使命传递相匹配一个经典案例，值得同行学习。

8.3 社会化营销创新

互联网的出现改变了人类的生活。人们的社交方式从面对面移到了虚拟世界。社交网络的特点是可以把有着共同目标的人们,超越时空局限,迅速地聚集在一起。对于社会企业而言,社交网络是一个强有力的传播工具,能够以最快的速度传播社会企业的使命和价值观,以最及时的方式传递社会企业的新举措,以最便捷的方式让产品和服务接触到受助人群和他们所在的社区。社会化媒体,比如微博、微信的普及化和平民化是社会企业营销创新的利器。

8.3.1 社会化媒体的营销价值

互联网的商业模式具有三个层次:以产品为中心、以平台为中心和以社区为中心。社会化媒体的出现,可以让三个层次在同一个时间点汇聚,是不可估量的商业模式,如今,Facebook(脸书)、Twitter(推特)和微信等社会化媒体均能够达到这一功能。社会化媒体的商业价值还体现在大数据的应用,即企业外部的社会化大数据库的应用上。如何进行有效的数据挖掘和分析,帮助企业提升商业价值,是社会化媒体给社会企业带来的一项新课题。

社会化媒体既是一种沟通媒介,更是一种信息交换。它存在三个明显的本质特征:①社会化媒体上都是用户共同创造的内容,真实和生活化;②社会化媒体上的信息都是对话式和互动式的;③社会化媒体更加开放、透明,创新思想在这里迸发。

对于社会企业来说,社会化媒体的价值不言而喻。首先,用户创造内容这一特点使社会企业通过社会化媒体能更快地捕捉用户的积极性和偏好变化,当社会企业在社会化媒体上获得了很多关注时,对于社会化数据的深度挖掘——大数据分析,更是营销决策的重要手段。

其次,社会化媒体让用户更多地参与产品经营和创新。如用户可以提供更多的产品创新想法,可以提供许多有益的经营设想。开放式创新——产品设计,不应该有围墙,应该吸收用户体验评价,甚至让用户来亲自设计产品。从某种程度上说,开放式创新在社会化媒体大爆炸的时代,能够完美体现其价值。

再次,社会企业由于其双重底线的特性容易被大众误解,社会化媒体为社会企业提供了非常好的平台传递其使命和价值观,并能与受众进行互动。社会化媒体的开放性和透明性是社会企业在用户中建立良好口碑的最佳平台。

最后,社会化媒体最大的优势是免费模式,它不仅可以赢得顾客的欢心,还可以使社会企业在传播和品牌建立的成本上节约一大笔支出。这恰恰吻合了社会企业在管理过程中寻求精益方法以节省成本的原则和宗旨。

社会企业应当设置首席信息官(chief information officer, CID)的角色,重视社会化媒体所特有的集群功能和辐射社会价值功能。首席信息官的主要职责应该包括四方面。①研究:通过社会化工作调查社会问题走向和发展趋势,把社会化媒体作为资源搜寻、资源共享、资源储存的方式。②整合:将不同社会化信息资源形成有效集合,为生产和营销提供决策参考。③生产:在社会化媒体上推广产品信息,传播产品使用知识,促进社交互动。社交互动的信息可以作为升级改良产品所用。④直达:通过电子邮件提醒业务、订阅业务和微博等随时发布信息。通过社会化媒体,社会企业的产品和服务可以准确快速地送达目标人群,形成一个固定的且不断扩大的生态网络。

8.3.2　社会化媒体的融资功能

成功的社会化媒体营销策略,应该让顾客成为主角,企业仅充当保驾护航者。商业企业社会化媒体营销活动的目标是提高品牌曝光度、品牌认知度和促进业绩增长,但对于具有社会目标的社会企业来说,除了品牌认知度和美誉度以外,社会化媒体为其提供了创新的融资平台。

在线筹资平台就是社会企业通过社会化媒体环境而形成的新渠道策略。社会化媒体与传统媒体的最大不同就是双向传播，它可以实现顾客和组织的在线即时互动。例如，社会企业和它的粉丝经常使用Facebook，社会企业就在Facebook上开始了一项在线筹资项目，粉丝把这一内容向Facebook的朋友圈传播，久而久之，这一内容就能在世界范围内被看到。GoFundMe和Crowdrise就是其中具有代表性的通过社交媒体驱动而形成的慈善筹资项目。这对于社会企业来说是开创性的，把传统单一的销售渠道转变为创新互动的在线销售平台，不仅可以传播价值观和使命，还可以以一种令人容易接受的商业模式实现收益。社交媒体的在线筹资优势有三个方面：第一，社会化媒体筹资帮助社会企业找到了融资新路径，甚至可以形成集聚式的筹资；第二，社会企业通过社会化媒体可以找到潜在的客户群和投资人；第三，这种筹资方式是开放的、透明的和公正的，所有的账目都会在社会化媒体网站上公开，令受众放心。因此，社交网络为社会企业提供了新的机会，并扩大了社会企业的利益相关者和潜在顾客群。

创新作为一种战略，对于社会企业来说至关重要。创新意味着推出新产品、发现新顾客和创造新价值。社会企业在打造成为创新型组织的成长之路上，需要注入新想法和新知识，运用不同寻常的方案去解决社会问题。社会企业不能墨守成规，只有通过诸如精益管理和社会化媒体的方式来主动创新，迎接时代变革，才能最终实现社会目标和可持续发展。

案例8.1

绿色浙江

绿色浙江是一个专业从事环境服务的公益性、集团化社会组织，创建于2000年6月，由浙江大学教师阮俊华以及他的学生忻皓共同发起。该组织根植于浙江地区，主要活动领域涵盖环境监督、社区营造以及自然教育。绿色浙江在环保领域的卓越表现得到了多方的认可与肯定。作为浙江省最早成立的环保组织之一，绿色浙江规模之大、影响力之广受到了社会的广泛关注，该组织不仅获得了社会组织评估5A级的认证,也是中国首家获得此认证的环保组织之一。此外,绿色浙江在中国环保领域中具有显著的影响力,其成立之初即积极参与环保活动,并通过环境监督、社区营造和自然教育等多种途径推动环保理念的传播与实践。在中国的环保社团中,绿色浙江以其完整的组织架构、丰富的专职人员队伍以及积极参与国际事务的态度脱颖而出。

1. 创新战略

绿色浙江作为一个专业从事环境服务的公益性社会组织,在其发展过程中采取了多项创新战略,以推动环境保护和可持续发展。

(1) 环境观察平台

绿色浙江借助信息技术的力量,推出了环境观察平台,这是一种公众协作互动型环境监督工作的创新。通过该平台,公众可以利用网站或手机应用实时举报污染情况,使环境信息更加透明化、及时化。这一创新战略不仅提高了公众参与环境保护的积极性,也促进了污染源的更快查处,进一步推动了环境监督工作的效率和成效。

(2) "五水共治"行动

绿色浙江响应政府倡导的"五水共治"行动,积极参与了"寻找可游泳的河"等系列活动。通过媒体曝光,该组织推动地方政府加强水环境治理,促进水资源的保护和管理。这种策略不仅在宣传上提升了公众对水环境问题的关注度,也在政策层面推动了水环境治理的进展,为实现水环境可持续发展贡献了力量。

(3) 生态社区建设

绿色浙江还积极推动生态社区建设,通过建立生态社区示范样板和推广生态社区模式,促进了社区居民、社区组织和企业等利益相关方的合作。在这一创新战略下,资源得到了更好的循环利用,社区居民的环保意识也得到了提升,从而实现了对生态环境的改善和保护。这种以社区为单位的创新模式,为解决环境问题提供了一种全新的途径,具有较高的可持续性和参与性。

2.管理过程中的创新

绿色浙江作为一个公益性社会组织,通过引入公众参与式治水、智慧绿房项目和水未来实验室等创新举措,展现了其在管理过程中的创新能力。

公众参与式治水是绿色浙江在环境治理中的一项重要创新。通过发起"吾水共治"行动,该组织成功推动了公众参与式治水的实践。在这一过程中,利益相关方圆桌会和民间河长制度的建立发挥了关键作用。通过这些机制,绿色浙江成功整合了社会资源,实现了环境治理工作的有序推进。这种基于多方合作和民间力量的治水模式,不仅提高了治理效率,也增强了社区居民的环保意识和参与度。

另外,水未来实验室是绿色浙江在青少年环保教育方面的一项创新举措。通过与地方共青团合作,在小学设立水环境实验室和教育场所,开展水环保课程和趣味实验,培养青少年的环保意识和行动能力。这种基于教育和实践相结合的模式,有助于在青少年群体中树立环保理念,促进他们成为未来社会环保的积极参与者。水未来实验室的建立不仅是对学校教育的有益补充,也是绿色浙江在环保领域的一次有益尝试。

案例8.2

工友之家

北京工友之家文化发展中心(以下简称"工友之家"),旨在帮助企业解决员工福利问题,丰富工友的物质和精神生活,增加工友的业余兴趣爱好,促进工友之间的互助互爱、团结一致,其目标是实现天下工友一家人。工友之家的创办人孙恒、王德志等于2002年注册成立了这个专门为城市打工群体服务的劳工组织。

第8章
社会企业的创新思路与精益实践

自成立以来，工友之家创办了同心实验学校、同心互惠公益商店、打工文化艺术博物馆、流动的心声、同心创业培训中心等服务工友的机构和社区组织。

工友之家在2005年发行首张专辑唱片《天下打工是一家》，并用75000元版税作为启动资金，在北京市朝阳区金盏乡皮村创办了一所打工子弟学校——同心实验学校。2006年，工友之家又发起创办了同心互惠公益商店，物品都是来自社会各界捐赠的二手闲置物品，既可以减少社会资源浪费，又可以帮助社区贫困工友家庭降低生活成本，已有七家同心互惠公益商店开办。

2007年，工友之家又创办了全国首家打工文化艺术博物馆，希望以此来记录打工文化历史的演变，倡导尊重劳动的价值观。之后，工友之家又办起了同心创业培训中心，为新生代打工青年提供城市生活职业技能培训，以帮助他们在城市更好地生活和工作。

经营转型中的困境

1. 经营中的浪费

随着捐赠的越来越多，工友之家也迎来了难题，渐渐产生了越来越多的交通运输和库房存储压力。同时，虽然面对免费的捐赠，工友、大学生和记者都很开心，但是很多时候工友们拿到的并非他们所需要的物品。因此，工友之家开始反思，并意识到资源的对接出现了问题。

城市里有着大量闲置的二手资源，而进城的打工群体在经济上处于弱势，工资较低，对二手物资有着很大的需求，所以，需要一种合理可行的方法整合闲置的二手资源，并为打工群体提供所需的生活物品。工友之家开始在工人们居住的社区创办二手商店，商店里的物品全部是募捐而来，工友们可以在二手商店里选择符合自己需求但价格低廉的物品。

2. 自我造血的困境

工友之家找到了自我造血的有效途径。通过商品交易获取的生活必需品，既保证了工友们的自我价值，也保证了工友之家的独立性和自主性。工友之家的同心互惠公益商店运营灵感来源于英国的乐施会，由于对公益商店发展的政策较少，所以工友之家只能依靠捐赠方和工友们的支持，才能继续运营。

在经营初期，商店就出现了不少问题。首先，对于成本的估算有误，虽然初期在房租、人力、货源等方面能够保持低成本，但是随着时间的推移，这部分成本逐渐增加。其次，内部管理专业化程度不够，在实验店初期，店内员工和管理者都没有实现对捐赠物品进行清点，没有专门的人力做细致的统计和库房管理，也没有专门的财务人员。最后，实验店没有对市场进行调研和整体评估，导致对发展势态的分析太理想化和主观化，最终造成了商店的亏损。

组织创新

1. 通过企业管理的方法实现社会使命

在经历了转型和自我造血的失败后，工友之家重新制定了组织战略、社会目标和组织内部管理体系。因此，工友之家对组织架构重新进行定位，建立了包括工友之家顾问团、工友之家董事会、工友之家理事会、工友之家执行委员会、工友之家分支机构和工友之家合作伙伴等在内的组织。同时，对工友之家同心互惠公益商店销售的产品的价格与市场价格进行对比，对市场进行细致和深入的分析。

对组织结构中不同部门的职责也进行了明确的划分，例如对工友之家顾问团的要求是要对工友之家各项工作给予指导、咨询、评估和监督；工友之家理事会是最高决策层，负责工友之家的发展方向、战略规划及重大决策的制定，成员均由具有工友之家五年以上工作经历的员工和认同工友之家理念及价值观并支持工友之家各项工作的人士组成。对组织结构的创新,为工友之家的发展提供了有利基础,减少了之前在经营和自我造血过程中产生的浪费,提高了决策的有效性和效率。

2.经营多角化

工友之家的经营逐渐向多角化经营模式发展,工友之家的分支机构包括六个,其中自负盈亏的分支机构有同心实验学校、同心互惠公益商店,其他资助型的项目有打工文化艺术博物馆、流动的心声、同心创业培训中心和新工人艺术团,为工友之家实现可持续发展提供了有利基础。除此之外,工友之家还发展外延的合作伙伴,如各民间团体、高校、媒体、企业以及政府机构,做到了跨部门的协同发展。

第9章 社会企业的有形绩效与无形价值

社会企业在复杂的商业环境中求生存,资源有限和市场空间狭小等因素阻碍了其市场化发育。尽管如此,社会企业依然需要在夹缝中顽强生存,如商业企业一样开展更多经营职能以及表现出更高的经济绩效。鉴于社会企业的首要使命是解决社会问题,单纯地以商业企业的评估体系或非营利组织评价体系来评价社会企业绩效都是不合理的。

本章从绩效评估的视角,讨论三个问题:第一,社会企业绩效评估的难题和困境是什么?第二,社会企业绩效为何使用双重评估指标?第三,如何构建适用于社会企业的绩效评估模式,并通过社会企业的绩效评估模式构建绩效管理体系,帮助社会企业实现双重使命。

9.1 社会企业绩效评估困境

9.1.1 社会企业功能边界

社会企业的产生和发展独立于政府。从政策视角来看,社会企业本地化成长和本地化经营,与本地的利益相关者保持联系,在本地化社区中实现自助,独立于公共部门的管理和控制。从社会学视角来看,企业家被认为是社会的特定人群,不墨守成规,勇于自我颠覆。社会企业家完全有能力不依赖公共部门的帮助,独立解决社会问题。公共部门把社会企业家看

第9章
社会企业的有形绩效与无形价值

作改革家,社会企业家把公共部门看作可以建立联系的利益相关者。

社会企业的成长收益来源多样化。社会企业获得经济来源不仅是单纯捐助和慈善活动,还包括独立运营收益,所以其收益是混合型的。而非营利组织主要依赖于慈善捐助,把所获善款全部用于慈善项目上。由于社会企业获得的是混合收益,所以经常会引起争论。一方面,社会企业在市场环境中竞争,社会企业与营利性企业无异;但另一方面,社会企业是公益组织,目标是帮助弱势群体,为弱势群体的需求提供帮助,还要收取一定的费用。

社会企业是混合型组织,具有公共部门、私人部门和非营利部门组织的特性。其中,非营利部门包括志愿者部门、慈善组织和不以营利为目的的企业。由于这三个部门之间的界限变得越来越模糊,非营利组织开始应用企业战略管理,营利性企业开始渗透到非营利组织领域,承担社会责任。公共部门的机构开始跨界合作,日益建成社会事务处理的合作网络。可以这样说,正是在这种背景下应运而生了社会企业——既带有非营利组织特性,又带有营利性企业特性。

9.1.2　社会企业绩效评估困境的表现

社会企业在属性上是一种混合组织,这种新兴的组织形态并没有现成的考核方法可以照搬照用。评估社会企业绩效绝非易事。社会企业的绩效评估困境表现在两个方面。

社会企业的绩效评估涉及面宽,执行难度大,缺乏现成的标准。社会企业绩效有两个构面,第一个构面是社会企业自身运转的可持续性;第二个构面是社会使命实现程度。这种双元属性就要求社会企业保持一种内在平衡,要在不断变化的社会环境和制度环境中维系这种平衡。

从经济绩效这个方面看,社会企业自始至终都面临着两个严峻考验。一是可持续的问题,是指企业长期发展的能力,并且能够很好地平衡经济收益和社会收益;二是生产力的问题,即社会企业的整体运营能力。所以社会企业的绩效评估并不简单,必须根据社会企业服务对象的具体情况加以分析。

从社会绩效这个方面看,社会企业有着与非营利组织类似的遭遇。这是因为营利性企业大多是经济利益驱动的,因此只要完成商业目标任务就可以理直气壮地接受评估。营利性企业评估模式是结果导向的。非营利组织则不同,需要评估自身的社会影响,这一过程是行动导向的,为了证明每一项行动都对社会产生了正面影响,就不得不对行动逐项评估。这方面难度可想而知是巨大的。

目前看起来,商业绩效评估分析工具的发展最为成熟,可以给予社会企业可靠帮助,但商业评估分析工具不能完全作为社会企业提高竞争优势和获取有利资源的唯一工具。忽略社会性指标是商业领域绩效分析工具的通病。

社会企业绩效评估的另一困境是财务压力。绩效评估对社会企业是一笔不菲的开支,容易造成成本压力。绩效评估对社会企业很重要,但由于社会企业的社会属性和精益化管理挑战,使得它们不得不考虑成本压力。不少社会企业为了减少压力,甚至完全回避社会指标评估,不得不说,这是社会企业的绩效评估的难言之隐。

罗伯茨企业发展基金会(Roberts Enterprise Development Fund)作为一家1997年在美国加利福尼亚州创办的工作整合型社会企业,致力于为弱势群体创造就业机会,如帮助被开除学生和新释放犯人寻找工作。罗伯茨企业发展基金会对于开展绩效评估的方法论一直没有达成共识。它们权衡过社会目标和经济目标两个方面,分析了社会企业绩效评估可能产生的争议,最后在巨大的压力下,它们没有启动这项评估。

许多年后公益界回想起这件事,普遍认为不是所有的社会企业都愿意把钱大量投入评估中,当投入的那些钱能够帮助更多的人重返劳动力市场和重新树立自尊感时,这种评估成本就显得不值得了。今天,社会企业依然面临类似于罗伯茨企业发展基金会这样的困境。

总的来看,社会企业的评估难度很大,既要满足营利性企业评估的标准,也要满足非营利组织评估的标准。在社会企业数量与日俱增的今天,社会企业圈子也开始出现竞争和优胜劣汰,相关利益者对社会企业绩效有了更多的期待和更高的要求。绩效评估即便难度再大,都势在必行,值得社会企业重视。

9.2 社会企业绩效管理

9.2.1 绩效评估目的

社会企业的绩效评估目的是提升社会企业绩效,帮助企业持续发展,最终实现对社会的积极促进。再出色的社会企业家,当面对一个艰难决定时,都会出错,如何纠正这些错误,防止错误再次发生,绩效评估起到了一面镜子的作用。所以,绩效评估是在可能范围内收集大量的信息和数据,从主客观两个方面对决策过程进行回顾和检查。绩效评估是验证社会企业成功或失败的一项重要管理手段。

社会企业绩效评估的目的主要有六个方面。

(1)确保企业向正确的方向发展。这是绩效评估的关键部分,社会企业家经常需要确认企业是否保持初衷,每一位企业员工都需要知道他所做的一切是否物有所值,是否能真正解决社会问题和满足社会需求,并创造社会价值。这一切是所有社会企业最关注的方面。

(2)调整和重塑企业战略。企业战略关乎一家社会企业的生存问题,通过绩效评估的信息,社会企业家可以做出更恰当的战略部署,无论外部环境怎样变化,社会企业都可以借助绩效评估调整战略方向。

(3)提高日常经营水平。通过绩效评估的信息,能够提高社会企业运营能力,改善日常管理方式,强化绩效执行力,对未来可能发生的事件提高灵敏度和防范意识。

(4)建立和强化与利益相关者的联系。一方面,绩效评估体系除了对企业自身的发展具有重要作用外,还能够对外展示,赢得理解。一方面,社会企业凭着客观公正的绩效数据,可以坦荡地与外部投资者、合作伙伴和政府等建立信任关系。另一方面,利益相关者也能够掌握绩效动态,更好地回应社会企业需求。

(5)对社会企业同盟提供实践参考。社会企业并非单打独斗,随时都有同盟军。通过一家社会企业的绩效评估信息,其他社会企业可以吸取教训和调整发展步调,创造出更有价值的行为和获得更好的绩效。除此之外,通过与其他企业互动,更容易激发出新知识和新想法。

(6)随时应对实际的需求。社会企业由于目标各不相同,所处行业不同,挑战差别很大。尤其是起步阶段的社会企业,市场挑战超乎想象,社会压力也会接踵而至。在一个政府主导的社会治理形态中,社会企业要想壮大必须紧盯现实需求。绩效评估能够帮助社会企业收集各方面的信息,为筹资或获得补贴做好准备。

综上所述,社会企业家应当高度重视绩效评估的意义。从现在开始就学会评估每一项行为,开始以绝对理性的方法开展公益事业,在行动的那一刻就学会预测可能产生的最终绩效。

大爆炸公司作为一家成功的社会企业,不仅在创建品牌认知上有所成就,在绩效评估上也是同行楷模。根据该公司管理者韩默德(Hammond)的经验分享,其绩效评估有着固定的评价模式,并被冠以"绩效公式"的美名。这个公式的关键在于简化绩效评估过程,这是因为社会企业的投资周期长于一般企业,通常要花费7~10年的时间才可以观察到绩效,最短的周期也要等上5年时间。这种不切实际的评估不能给社会企业提供立竿见影的指导,因此,该公司把任何一项行动都视为绩效评估对象。比如说公司在网上做了一次宣传是一种"投入",那么它的"产出"就是该网站新注册和回帖的人数,而"绩效"则是把这个宣传内容转发到其他网站上的人次。"投入—产出—绩效"这种绩效测算方式简单明了,是社会企业值得借鉴的方法。

类似地,社会企业家需要思考如何评估企业中难以量化的现象。进取厨房公司是帮助女性脱离贫困的一家社会企业。对于社会企业家皮卡斯

(Pikas)来说"是否失去住所"和"是否再次回到监狱"是非常重要的绩效标准。受助女性可能不会离开这家公司,也有可能无法立即找到新工作,个体表现各异。但只要她们一直拥有住所,或者不被关进监狱,就可以认定是成功的挽救案例。"让受助者积极地生活下去"这个远大的社会使命有了"能落地"的检验标准。

社会企业的绩效评估是要有所妥协的。它不可能高高在上,更不可能宏观到一家社会企业能够改变整个社会。社会企业只是这个社会运转的一滴润滑剂,如果成功地改变了受助者的生活状态,如果有力地改变了某个社区的具体问题,就可以视为一种成功绩效。

9.2.2　社会企业绩效构成

评估社会企业绩效需要紧扣社会和财务双重指标,这是由社会企业的本质决定的。社会企业以社会效益为首要目标,兼顾经济效益,实际上,用什么指标评估和怎样评估社会企业绩效是困扰社会企业家的难题。

9.2.2.1　财务指标

财务指标对社会企业来说,不能说不重要。虽然社会企业是以社会效益为首要目标,但财富和资本的积累对于社会企业来说,是实现社会效益的前提条件。

作为一家成长中的社会企业,更多的是从能力角度评估它是否有潜力获得经济绩效。一般社会风险投资家倾向于从三个方面加以评估。第一个方面是经营社会企业的专业化能力,这与社会企业对所提供产品和服务的熟悉度与创新度紧密相关;第二个方面是社会企业的生产能力,这与社会企业创始人的商业经历和商业技能有关,也与公司整体运营管理水平相关;第三个方面是社会企业的资源分配和整合能力,这与社会企业是否善于获得政府、非营利组织和慈善家的支持有关。

9.2.2.2 社会指标

不仅是社会企业,有时即使是一家商业企业,当考虑到它的社会形象和社会责任时,也会收集和报告相关的社会指标。因此可以看出,社会指标对于每一家企业都具有特定意义。

例如,塔吉特百货公司(Target Corporation)是一家主动承担社会责任的商业企业,它的社会绩效评估理念和模式值得社会企业借鉴。这家百货公司对于社会慈善有着明确的愿景和年度目标,其评估方式也是十分具体的。比如关于善款筹集项目,他们会评估不同门店的筹集总额、资金使用率绩效、时间周期绩效、合作者满意度等。一般来说,社会绩效指标没有统一的方式,需要结合不同情境和不同社会活动来展开。

9.2.3 绩效评估循环系统

绩效评估本身是一个循环系统,如图9.1所示。它体现了绩效评估体系的定位和作用。

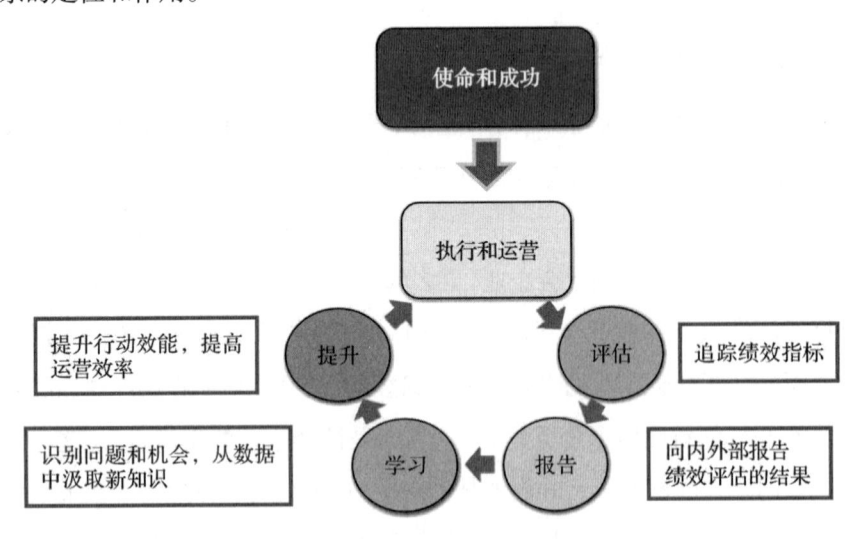

图9.1 绩效评估循环系统

绩效评估系统的运转应当遵循以下步骤,形成一个闭环系统。①评估:组织在编制绩效评估体系之前预先选好指标,这些指标用来测量社会企业的绩效。②报告:把绩效评估的数据编绘成容易阅读和理解的形式,与利益相关者分享绩效信息,也向公众发布。③学习:社会企业的管理者或团队从这些数据中汲取有益于目标实现和高效运营的信息,并基于这些信息进行决策。④提升:社会企业执行决策,以提升社会企业的运营,最终改善绩效。

绩效评估系统应当成为社会企业提高绩效的手段,而不是负担。为此,社会企业需要统一以下指导思想:①绩效评估是帮助社会企业实现使命的工具,绩效评估本身不是目的。当绩效评估阻碍社会使命履行的时候,就失去了意义。②绩效评估的首要功能是为社会企业家的决策提供参考。③必须投入一定量的资源来构建绩效评估标准和系统。根据社会企业的规模和运营的复杂性,来决定绩效评估系统所需的各种资源,比如制定系统所需的时间跨度、成本预算、人力投入等。④定期地记录分析各项数据。绩效数据的时效性和真实性是必须要保证的。这些数据反映了人员状态和运营状态,可以作为绩效评估的基础信息。

9.3 构建社会企业绩效评估模式

社会企业初期就应建立完善的评估标准。例如,回馈公司评估标准之一是慈善捐赠比例,其将78%的收益捐赠于慈善,剩下的用于维持经营。

借助绩效评估系统,社会企业可以将组织目标分解到微观行为,用以考察组织内部的绩效,比如一个部门或一个员工的绩效。在社会绩效方面,应该将指标细分到最小单元,使其易于评估也易于员工学习。

9.3.1 绩效评估的步骤

社会企业的绩效评估步骤分为:制订评估计划、选择合适指标、决定绩效评估方式、选取评估数据以及把绩效评估结果付诸实践(见图9.2)。

```
第一步 → 第二步 → 第三步 → 第四步 → 第五步
•制订评估计划 •选择合适指标 •决定绩效评估 •选取评估数据 •把绩效评估
                            方式                      结果付诸实践
```

图9.2 绩效评估的五步骤法

第一步,制订评估计划。主要分为两项工作,第一项工作是组建一支绩效评估团队,一般由3~5人组成,包括社会企业经营者和主要项目的骨干员工。第二项工作是确定绩效数据,旨在回答三个问题:①何时、何地进行评估?在社会企业中,绩效评估的数据必须明确"由谁提供、由谁记录、何时开展评估"等问题。②数据来源和存储方式。确定数据如何获取和留存。③怎样回顾和使用数据?在社会企业内部如何使用这些数据,对外公布时又该如何使用这些数据,相应的使用权限需要明确。总的来说,第一步是整个绩效评估的起点。

第二步,选择合适指标。选择可以真正代表社会企业的社会使命和经济绩效的关键指标,这些指标至少包括两大类:第一类是代表整个组织良好运营状况的指标;第二类是代表组织某个正在实施项目的绩效指标。在选择指标的时候,应该注意选择多个有意义的指标,比如说衡量社会影响力的指标,不能仅仅看社会企业服务的辐射人群数量这一个指标。值得一提的是,绩效指标具有强烈的行为导向性,从没有指标到有指标的转变,释放出社会企业管理层的信号,这种信号不能与社会企业的组织文化相冲突,否则绩效指标可能无法真正执行。

第三步,决定绩效评估方式。这一步主要是确定绩效评估的对象和评估者、绩效计分方式、绩效评价周期、绩效评估用途等。

第四步,选取评估数据。社会企业的绩效信息可以有不同的用途。比如在用于内部考核时候,就可以选择员工出勤率、产品次品率等绩效数据作为评价依据。而在向社会公众展示整体绩效的时候,应该选择顾客总体满意度和受助人群辐射范围等数据作为评价依据。在用于对外募集资金的时候,社会企业应当选择投入产出比、投资回报率、应收账款这样的数据作为依据。近年来,随着信息化和无纸化办公的普及,社会企业的绩效管理系统也日益从线下搬到了线上,评估数据的选择更多地依赖计算机系统来运算和执行。

第五步,把绩效评估结果付诸实践。这个过程应当确保数据透明度和公正性,也允许相关利益者的咨询和反馈。

9.3.2 三种绩效评估模式

基于绩效评估的具体执行步骤,构建绩效评估的系统化模式,是一个科学的绩效管理过程。这有助于社会企业选择绩效评估指标,真正实现绩效评估的目的。

9.3.2.1 基于方法论角度的评估模式

社会企业的评估模式应尽可能地覆盖社会企业的各个层面。由于社会企业本身面临很多挑战和风险,且从这些挑战和风险中获得相应的利益回报,所以评价模式应随着环境和企业的变化而改变,因此由Alter(2000)提出的绩效评估模式符合动态特征,呈立体式推进。该模式是基于方法论的视角提出的,不仅关注财务绩效,更关注社会绩效,突出对社会企业创造的社会价值和影响力的追踪和评估。

立体评估模式的横截面内容包括:①投资行为;②商业计划;③双重价值;④综合的社会经济价值(基于社会投资回报率)。纵向代表随着时间递进的价值创造过程。由近至远的箭头代表时间递进,横截面代表内容的量化堆积。详见图9.3。

9.3.2.2 基于平衡计分卡的评估模式

平衡计分卡的评估模式是1996年由卡普兰(Kaplan)和诺顿(Norton)在总结了大型企业业绩评价体系的成功经验基础上提出的。如图9.4所示,这一模式把企业的愿景和战略转变为可衡量的目标和方法,这些目标

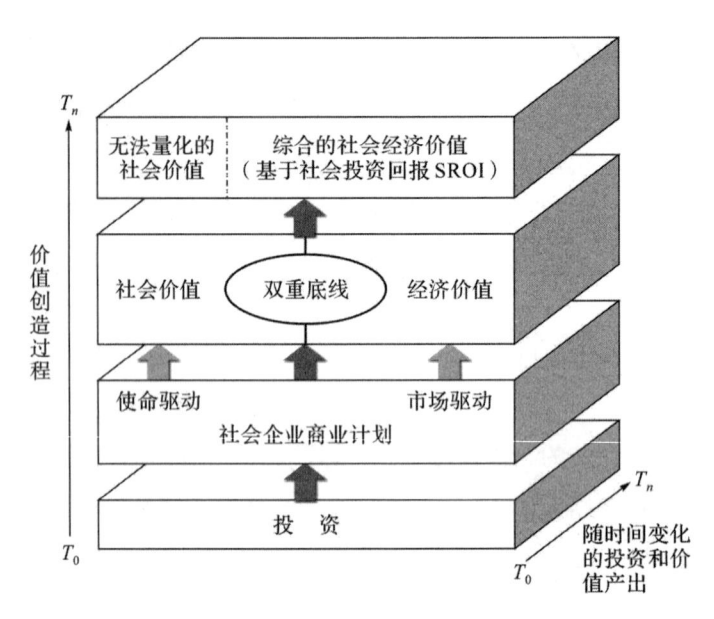

图9.3　社会企业绩效评估立体模式

和方法包括：顾客参与、内部经营管理过程、学习和成长、财务绩效以及愿景和战略。

平衡计分卡虽然源于商业企业考核，但在社会企业领域同样适用。这是因为这个模式突破了单纯以财务指标作为唯一衡量工具，试图做到多个方面平衡，如财务指标和非财务指标之间的平衡。对非财务指标的关注实际反映了对绩效产生过程的关注，比如如何提高顾客满意度、如何提升社会企业管理水平等。除此之外，平衡计分卡十分强调学习和成长的重要性。对于社会企业总体发展而言，关注未来目标更有意义。

实施平衡计分卡的评估模式必须做到以下几个基本要求：①明确社会企业的使命和愿景，以及实施战略。这将无时无刻地提醒绩效管理过程必须围绕中心目标展开。②注意整体与局部的结合。平衡计分卡是个层级概念，首先需要制定组织层面平衡计分卡，其次进一步分解为部门的平衡计分卡和个人的平衡计分卡。③目标分解应达成共识。层层分解社会企业目标的过程中，应当保持上下级沟通顺畅，达成共识，形成上下一致、左

第9章
社会企业的有形绩效与无形价值

右协调绩效考核目标。④战略的评估与控制。每一年社会企业都要根据运营结果,从平衡计分卡的四个方面评估使命完成度、战略有效性,从而制定改善对策。具体见图9.4。

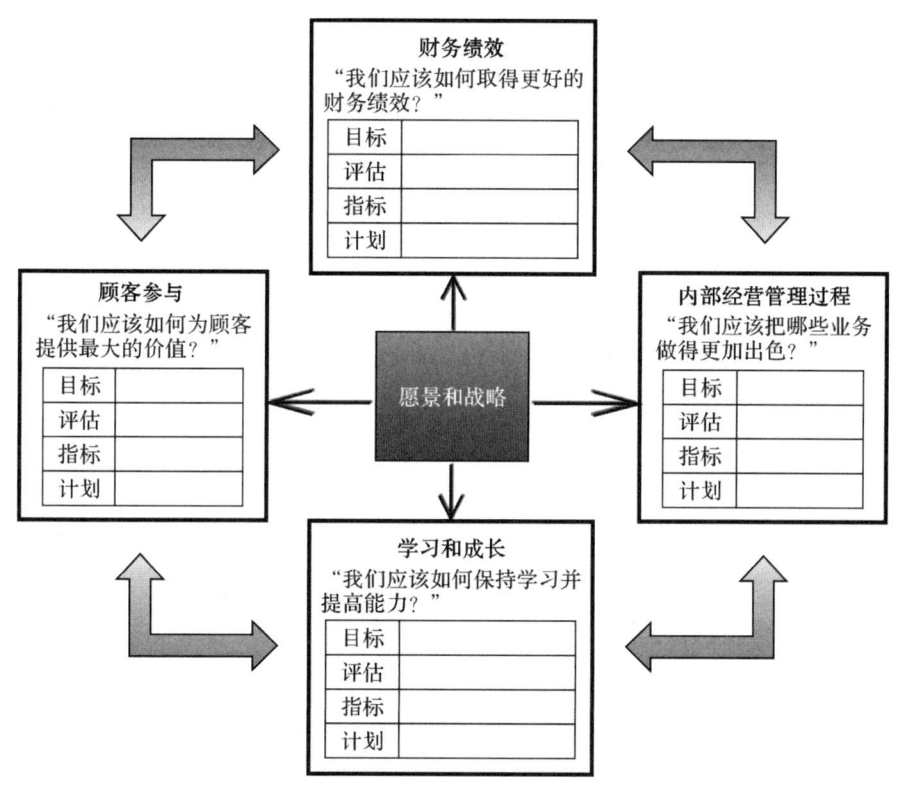

图9.4 平衡计分卡的原理

社会企业处在不同的竞争环境,需要依据实际情况实施不同的战略,进而设定绩效目标,因此,平衡计分卡的四个方面权重设计没有统一的范本。

9.3.2.3 SROI绩效评估模式

社会投资回报(social return of investment, SROI)是社会企业绩效评估的主要方法之一,专门用于分析与绩效相关的社会收益和社会成本。社会投资回报是对社会企业影响力的评估和报告,是对社会、经济和环境所产生的影响的综合反映。到目前为止,它是测量社会影响力最公认的、最严格的测量模式。

社会投资回报对于社会企业的重要性如其对于商业企业一样,尤其当一家社会企业想要吸引外部资金支持时,社会投资回报这个指标就显得更加重要了。对于社会投资回报的分析主要有四个步骤:①实时的社会绩效数据收集;②优化数据;③把优化后的数据引入管理决策和报告中;④确认已体现的社会价值和有待进一步挖掘的社会价值。

具体来说,社会投资回报分析框架最早是由罗伯茨企业发展基金会开发的,主要包括六个方面的指标测量。

(1)经济价值。这一指标主要测量社会企业直接创造的净现值(即未来净收入的现值)。其计算方式为:预测它的未来现金流量,并用一个适当的折现率,计算它的现值。

(2)社会价值。这一指标主要测量社会企业创造的价值,体现社会企业为社会所节约的成本,以及上缴的税收现值。其通常用社会企业的未来的社会成本节约和税收量来预测,并按一个恰当的折现率折算它的现值。

举例来说,某"问题青年"辅导计划帮助失足青年戒毒和远离犯罪。该项目的社会价值主要体现在以下几个方面:首先是犯罪率下降所节约的社会成本;其次是该计划节约的诊疗费用的开支;最后是在该计划带动下的青年就业以及增加的政府税收。

(3)综合价值。这一指标主要测量社会企业的社会经济价值。其计算方式为:综合价值=经济价值+社会价值-长期负债值。

(4)经济投资回报率。经济投资回报率测量的是社会企业创造经济价值的货币化部分。其计算方式为:经济投资回报率=经济价值/资产总额。

(5)社会投资回报率。社会投资回报率测量的是社会企业创造社会价值的货币化部分。其计算方式为:社会投资回报率=社会价值/资产总额。

(6)综合投资回报率。综合投资回报率是指每单位资金投入所获得的价值的货币化部分。其计算方式为:综合投资回报率=综合价值/资产总额。

上述前三个指标测量了社会企业对社会的经济回报、社会贡献以及总和；后三个指标主要将上述这些贡献与它们所需的慈善投资相比，反映的是投资价值。随着研究的推进，对社会投资回报分析也有了新的工具，例如，英国最著名的审计公司所使用的社会投资回报分析工具——社会审计系统(social audit networks, SAN)。该工具旨在帮助社会企业评估社会、环境和经济影响，以便总结和回顾社会企业的成败，为社会企业的绩效提高提供指导。

综上所述，本章首先揭示了社会企业绩效评估面临的两方面困境。这些困境并不是让社会企业远离绩效管理，相反其提醒社会企业家应该重视绩效管理，审慎选择绩效管理工具。其次介绍了绩效管理的意义和目的，阐述了绩效的两方面构成要素，以及如何运行一个绩效评估循环系统。最后介绍了绩效评估的三种模式，对每一种模式的优劣势做了阐述，为社会企业家及其利益相关者提供绩效评价的思路。总之，绩效管理作为成熟的商业评价工具进入社会企业圈子的时间并不长，现有经验不多，有待于更多的研究成果和实践创新。

案例9.1

虎哥回收

"虎哥回收"（浙江九仓再生资源开发有限公司）位于杭州市余杭区，成立于2015年7月。公司投资5亿元，在杭州市余杭区建立了一套城市生活垃圾分类样板体系，并成功运行。现构建了一条从"居民家庭—服务站—物流车—总仓"的生活垃圾分类高速公路。借助这条生活垃圾"高速公路"实现了生活垃圾分类投放、分类收集、分类运输和分类处置。当前，虎哥回收服务居民达到20万户，居民垃圾分类参与率达到80%以上，生活垃圾减量达到户均0.9千克/天，回收垃圾资源化利用率达到98%，无害化率达100%。"虎哥回收"模式有效破解了垃圾分类难题，作为商务部再生资源回收创新案例、国家发改委"互联网+"资源循环利用优秀典型案例以及浙江省企业管理现代化创新成果之一，受到了广泛好评，是杭州市知名的垃圾分类和再生资源回收服务品牌。

1. 绩效管理

绩效管理一直是确保虎哥回收业务高效运转、持续改进和实现目标的关键。企业建立了明确的绩效指标体系，涵盖垃圾分类率、回收率、服务质量等关键指标，以确保与企业战略目标的一致性。绩效管理包括制定目标与任务、确保每个员工清晰了解自己的职责和任务以及如何为实现企业目标做出贡献。定期的绩效考核机制、激励与奖惩机制以及持续改进与反馈机制，都有助于保持员工的高绩效水平和业务的持续发展。而个人绩效评估则是在此基础上进行的，包括设定个人目标、定期跟踪评估、360度反馈和制订个人发展计划等步骤。通过这些措施，虎哥回收能够不断提升员工的工作表现和个人发展，为企业的长期发展奠定坚实的人才基础。

2. 个人绩效评估

绩效管理与个人绩效评估在虎哥回收中是相辅相成的重要环节。绩效管理通过建立明确的绩效指标体系和绩效考核机制，确保企业运营高效、目标明确。个人绩效评估则针对每位员工的工作表现和发展需求，通过设定个人目标、定期跟踪评估和360度反馈，为员工提供个性化的发展支持和指导。这种绩效管理和个人评估的有机结合，不仅提高了员工的工作积极性和绩效水平，也促进了员工个人的职业成长和发展。通过不断优化绩效管理和个人评估机制，虎哥回收能够持续提升员工的工作表现和企业的竞争力，实现可持续发展。

案例9.2

自然大学

自然大学创立于2006年，2007年3月正式开始运营。自然大学是一所全开放的公众环保大学,推动公众"向大自然学习,到大自然中学习,自然而然地按照本性学习"。自然大学的目标是协助所有人打通人与自然界的阻隔,推动普通公众成为环保志愿者。

自然大学主要由六个学院组成,分别是山川、草木、鸟兽、垃圾、健康、乡土,几乎囊括了环境保护的主要领域。自然大学与北京地球村环境教育中心、中国第一家环保民间组织自然之友和绿色园志愿者等都有着良好的合作关系。另外,与2009年创办的达尔问自然求知社形成紧密合作的关系,自然大学作为达尔问工作领域的一个方向,还与其他机构合作运行乐水行、乐鸟行、草木认知、垃圾之旅、重金属检测、乐山行等户外活动。同时,还定期举办室内环保专题讲座和环境现实案例的讨论。

自然大学在2012年6月正式开始独立运营,运营的业务包括三个板块:生态保护板块、污染防控板块和政策研究板块。如图9.5所示,六个学院如同自然大学的六个环保领域,三个板块支撑这六个领域的发展。

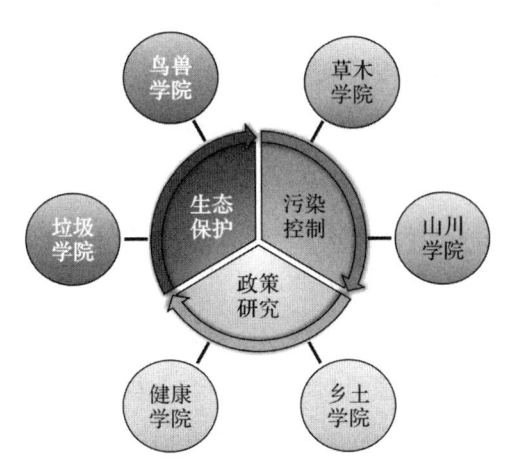

图9.5 自然大学的运营模式

组织绩效管理

1. 高薪酬水平的环保组织

自然大学是写作人冯永锋发起的，并在民政部注册，为了更为充分地对环境保护领域进行探索，2012年6月还成立了北京市丰台区源头爱好者环境研究所，同时与北京水源保护基金会合作成立了专项的"自然大学基金"。

自然大学与其他中国环境保护组织不同，其在2013年就已拥有12名全职员工，并有大批志愿者加入，形成了一个"共生群落型"的团队，专门吸引有资源、有经验的人，为群落生态的土壤提供营养。冯永锋认为公益组织的本质是信任而非怀疑，因此对于自然大学的管理更多的是放养式的，放权于员工，强调业务经验的提升。

因此，自然大学员工的工资水平高于其他同类型公益组织，工作超过一年半后，都可达到月工资8000元左右。这打破了公益组织工资低的刻板印象，虽然不可能拿到高薪，但至少在市场中属于中等水平的工资，这种薪酬对于员工心态和能力的激发起到了激励作用。

2. 合作和资源整合提高组织绩效

虽然自然大学的人力资源管理独具一格，且发现了很多人才，但需要通过更创新的方式寻找更多的人才，如通过创造大量员工合作的机会，把自然大学的人力资源进行重新整合，再次发挥作用，提高组织整体的绩效。另外，实习生制度也在自然大学中得以推广，增加了人才梯队的建设，由一位全职员工带领两位实习生和大量的志愿者进行业务的合作和执行。

在人力资源管理的其他方面，自然大学提倡任务式的工作制度，强调的是工作效率而不必拘泥于工作时间。因此，自然大学从不要求员工坐班，只要完成相应的工作量，即使上班时间睡觉也没有关系。并且，鼓励员工"工作微博化"，把工作进度随时更新到微博上，目的是训练员工的总结能力、提炼能力和干预能力。对于组织的培训，自然大学运用"以战代练"的方式锻炼员工，每位员工每年跟进十几个项目，去不同的地方调查和与不同利益相关者沟通。最后，当员工可以独树一帜时，鼓励他们成立一个机构。

环保参与的方法论

环保参与需要每个人从身边的小事做起，因此适当的参与方法非常重要，自然大学认为本地环境应由本地人来保护，所以提出了12个维度的环保参与方法论。这些方法论包括：①户外认知；②举办讲座；③政策研究，或者案例及基础知识的跟进；④借助专家知识进行积累；⑤多与媒体合作，相互支持；⑥持续调查，多做纵向深度实地调查；⑦智慧地干预，环保机构应在出现环境问题初期、最困难和需要帮助的时候进行干预，尽量不干预后期的发展；⑧为政府或利益相关方进行政策倡导；⑨倡导没有效果时，考虑法律诉讼；⑩对于特殊的个别案例应实施必要的救助，目的是引发社会通过个别案例的深入思考；⑪工作微博化，社交媒体对于一家环保组织来说非常重要，能够与大众进行及时的沟通、倡导和筹款；⑫推动独立的民间监测系统，有利于提升环保组织工作的自信力和对话力。

第10章　社会企业的成长动力与理性扩张

对于大多数的经济学家和商业领导人来说,企业成功就是规模增长。这个世界是以非社会企业为主导的经济体系,为了实现生产总值的持续增长,唯有不断地扩大规模。同理,企业的损益表和资产负债表上的收益额也必须保持增长。只有不断地增长,才能满足企业主和股东日益扩大的愿望。

在本书的开篇我们就提出,社会企业的产生源于人们太过于关注经济规模增长而忽略社会问题。如果企业能够停下脚步,不再一味地追求增长,这样就能把转嫁给社会的成本降下来,那么就不会有那么多的社会问题需要解决了,如环境问题需要环保型的社会企业去扭转,贫困问题需要提供就业机会的社会企业去解决,热带雨林保护问题需要生态企业去推进。

本章对社会企业的增长和扩张问题进行分析。一个传统的商业企业只需追求规模扩张,把注意力放在不惜代价的扩张上。但社会企业有所不同,它应该考虑增长和扩张会带来哪些不可避免的问题,以及一个社会企业该如何理性增长。

10.1　社会企业成长动力

社会企业不应单纯为了经济利益而进行规模扩张,相反,应为实现社

第 10 章
社会企业的成长动力与理性扩张

会使命而进行扩张。传统的商业企业以增加股东收益为导向,追逐增长是与生俱来的。但社会企业不是,社会企业一直以社会使命为目标,在考虑企业增长前需要思考单纯的扩张是否符合社会企业的使命。

10.1.1 企业扩张

一个真正的社会企业家,是不会盲目扩张的。尽管企业规模的增长是企业发展到一定阶段的需要,但也不能轻易地做出这个决策。若社会企业需要成长扩张,需要领导者与股东一起做一个现实性的分析。为了让企业规模增长或是为了实现社会使命,目标不同,社会企业的决策也会完全不同。

对于一家社会企业来说,如果被迫进行规模扩张,可能当前的收入来源还不足以支付运营成本。

为了应付日常开支而进行企业扩张,是可以理解的。适当扩张也有必要,它可以支付固定成本,并让企业可持续发展。虽然有时企业扩张是为了保障其生存,但不能就此造成外界对社会企业唯利是图的认知。如果主动选择规模扩张,会有两种后果,一是产品或服务的收入过小,入不敷出,最终把资本耗尽;二是提高价格,最终失去客户。

10.1.2 商业模式和社会使命

社会企业扩张的条件之一是具有成熟的商业模式,它能够帮助社会企业达到更高的商业目标。不过,社会企业的扩张不仅需要考虑构建完善的商业模式,更重要的是完成社会使命与提升社会影响力。

从长远来看,提升社会影响力是社会企业扩大规模的最主要原因。当社会企业的总体规模还不足以产生足够大、足够快的公益影响时,社会企业就要进行扩张。这不是因为社会企业家想要更大的业务,而是想要更大的社会影响力。

例如，克拉拉·米勒（Calra Miller）女士的基金会为社会企业家们提供资金，帮助他们扩张企业规模。克拉拉·米勒基金会认为，社会企业快速增长很难，扩张的风险也很大，有可能引发各种混乱，影响企业的正常运行。很多人认为快速扩张是件好事，因为社会形象会变得高大，能够做更多的事和服务更多的人。也有人认为只要社会企业能为更多人服务，这个世界就会变得更好，财务状况也会变得更好。然而，这种想法是幼稚的。如果社会企业经常做一些利润很低甚至亏钱的买卖，就算企业扩大了，也无济于事。

社会企业扩张后有三个方面值得注意：运营效率是否提高，捐款收入是否增加，产品价格是否提高。有些社会企业的商业模式并不适合规模化扩张，不计后果的扩张会严重削弱产品和服务质量，以至于影响社会使命的实现。因此，首要的任务是预测社会企业扩张是否能够更好地实现社会价值，怎样的规模才是最适合社会企业发展的。就如格里斯通面包店，并不希望雇用过多的员工来做更多的布朗尼，而是先希望通过改造生产，制造更多的布朗尼，以此提高员工的收入。

10.2　社会企业成长之策

对于社会企业来说，通过业务扩张来扩大社会影响主要有两条可行的途径：一条是尽可能地扩大已有产品的规模；另一条是拓展新的产品与项目。

10.2.1　多角化经营的困境

只有少数有能力的社会企业才能够采取多角化经营战略。即使是在商业企业领域中，很多多角化经营的大型公司也正在放弃与它们的核心竞争力不相关的业务单元。例如，一个很大的咸味零食公司宣称它们要涉足曲奇饼干行业,它们既希望能把咸味零食做得很出色,也希望能把曲奇饼干做得很出色,但是在投入了上亿美元后,该公司就撤资了,至今仍在曲奇界默默无闻。社会企业更是如此,所以更需要采取差异化的集中战略,利用有利的资源,培育其他企业都不可复制的核心竞争力,才是成功之道。

10.2.2 差异化的集中战略

社会企业应首先专注于核心业务,并不断地提高服务质量与市场占有率,通过有益的商业行为创造社会价值,然后再实现企业规模的发展。否则,就只能是一家微不足道、效率低下和毫无新意的社会企业,而无法在公益服务上产生实质而持续的影响。

如果社会企业想要重新选择其核心业务,或是退出原来的核心业务,这必然会影响企业形象和企业家自尊。许多错误扩张都是由于对现实情况认识不足导致的,因此,社会企业想要获得良性发展,要有完善的决策机制。

格里斯通面包店和重构资源公司都验证了集中发展核心业务,放弃一些边缘化业务更有利于经营。格里斯通面包店曾放弃"花式蛋糕"的业务,这个业务曾一直被视为企业的必要组成部分;重构资源公司则在2006年放弃了五个产业中的三个。其中,重构资源公司的案例能够反映社会企业在选择差异化的集中战略时的果断。

放弃已有业务是最痛苦和最伤自尊的事,但也是发展中的必经之路。重构资源公司刚开始收购几家小企业时,每次都像是一个机遇,而且许多小企业也都很欢迎被收购。林奇是重构资源公司的新上任管理者,他刚开始接管重构资源公司时信心满满,以为可以让旗下的每家企业都获得良好的发展,可是,一旦真正接管所有小企业时,发现根本没有能力给予它们中的任何一个应有的关注和资源,两三年后,他把每家小企业都经营得一败涂地。

于是,林奇和董事会进行了客观分析,找出了两家符合社会企业使命,能推动使命发展,且又可能创造利润的小企业,选出了三家不符合重构资源公司需要的企业,然后果断地把它们关闭了。林奇的故事告诉那些从事社会企业的优秀人才,一家集中精力专注于核心业务的社会企业方能获得更大的成功和更快的增长。

社会企业需要认清能力和现实,集中发展最符合自己使命和能够为社会使命创造价值的业务。

10.3 社会企业扩张评估

10.3.1 企业"任务蠕变"

"任务蠕变"这个术语起源于形容军队中一个很常见的现象,当派部队去工作时,会因为一些原因而渐渐分心,从而与原来的使命渐行渐远。这和社会企业的情况有相似之处:一是当社会企业家意识到试图努力的目标已经无法满足社会企业的需要,或已不再是市场所需;二是社会企业实在无法生存。可以说,"任务蠕变"是一种社会企业的商业规律,剥离核心业务,不再把金钱和人力耗尽在那些纯粹浪费精力的领域。

社会企业需要针对使命制定一些标准,这样才能持续在市场中生存和发展,同时又要保持足够的灵活,把知识和经验与商业扩张进程保持一致。牧马人(Rubicon)公司有三条标准值得借鉴:①是否能产生可衡量的社会影响;②这样做是否能成功;③是否符合企业品牌形象。

具体来说,第一条标准是指能否创造就业并有利于企业服务的对象,包括工作的性质、工作的报酬、对其他行业创造就业的带动能力、最低生活工资、企业的内部增长机制、职业发展阶梯等。第二条标准是指业务本身的模式能否成功。例如,牧马人公司有没有可用的资本来源?商业计划有没有体现某种竞争优势?第三条标准是指这个业务是否符合牧马人的品牌形象,是不是牧马人公司的顾客愿意接纳的业务。

第10章
社会企业的成长动力与理性扩张

总的来说,评估一个扩张机会的关键标准非常重要,社会企业可以根据实际情况确定标准展开评估。

10.3.2 大客户的管理

有时社会企业可能闷头苦干,忽略了外部环境的变化。社会企业需要对随时出现的机会保持开放姿态,不能因为过于专注发展自身业务而放弃了好机会。

10.3.2.1 社会企业的大客户

社会企业产品和市场营销都做得不错,也会带来一些潜在问题。例如,一个超级大客户的订单量足以让一家社会企业在行业内一举成名,但同时也消耗了大部分的管理费用,使其不得不投入巨大的运营和人力成本,这时,社会企业就得要谨慎了。

本土设计(Indigenous Designs)公司是一家T恤设计公司,专门为顾客做个性化设计,它们就曾得到这种大订单的机会。1995年,本土设计公司得到了大自然公司(The Nature Company)的一笔大订单,为其生产9000件T恤,但是需要在120天内交货,所有的产品都要符合质量控制标准。这是一个价值45万美元的订单,是公司的一个里程碑。拿下这种客户对于本土设计公司来说是意义深远的。

但是大客户也能让一家社会企业彻夜难眠。进取厨房曾和一家服装零售巨头业务往来频繁,该公司打算用肥皂作为销售服装的赠品和给员工的礼品,于是,从进取厨房下了好几个大订单,使进取厨房的销售额激增。但是不可持续的是,服装企业可能会换用其他公司的产品来做赠品,不再继续用进取厨房的肥皂。所以不要把所有的鸡蛋放在一个篮子里,不要指望一个大客户的订单能一劳永逸。

10.3.2.2 如何面对大客户

在拿下大客户之时,就要开始考虑如何拓展它的替代者。如何面对大客户对每一个社会企业来说都是一个难题,无论是已具规模的还是正要扩张的。对此,有两种效果不错的方法,可以从中选择一种来应对。

第一种方法可能是痛苦的,也是违反直觉的,那就是"拒绝客户"。这需要很大的勇气、智慧和诚实。如果不确信能按时完成客户的要求,那么就需要拒绝客户,然后马上找出无法完成大订单的原因,并设法解决它。

第二种方法是需要做大量功课,接受客户订单,使出浑身解数来应对,同时马上去寻找两三家后续的买家。在做决定前,先和客户进行一次坦率的交谈,了解以下内容:

(1)为什么他们要从你这儿购买产品?

(2)是不是因为他们仅仅想要一个有竞争力的产品或服务,还是你的产品或服务以及你的使命与他们的相符,所以他们才想从你这里购买产品?

(3)是不是你的使命在市场上给他们带去了良好的声誉?

(4)他们会让你做多久的供货商?

(5)这是仅此一次的购买行为吗?

(6)能保障合同的期限足够长或者价值足够高吗?

(7)他们有向其他的供货商购买相似的产品吗?

(8)你是主要供货商还是替补供货商?

(9)如果你是替补的,你有机会变成主要供货商吗?

(10)谁是有决定权的人?怎样才可以成为主要供货商?

(11)当合作关系结束时,你会得到多大的关注?

这些问题可以帮助社会企业评估这次合作关系对公司的影响,以及最终合作关系结束时可能对企业发展的影响。一个好的合作伙伴也会欣赏这样的对话,因为这会是双赢的。当然也会有不真诚的合作者,社会企业当然不会和这样的公司一直合作。

10.4 社会企业成长扩张

如果理解了社会企业为什么要寻求增长,并且做到了专注和自律,能够在"任务蠕变"和"风险集中"之间找到明确的平衡点,那么就可以踏上扩张的道路了。扩张之路上,社会企业需要牢记以下关键因素:

(1)市场机会;
(2)资源;
(3)企业文化;
(4)原则;
(5)领导力和董事会;
(6)利益相关者。

10.4.1 市场机会

当社会企业需要成长时,首先要评估商业模式是否可以规模化,如果的确可以,再考虑是否有扩张的可能性。社会企业家需要客观、理智和诚实地看待这些问题,不能仅仅因为市场环境所迫就盲目扩张,有时需要批判地看待企业扩张这件事。有没有一个产品或服务,它的市场需求还远未饱和;或有没有一个满足市场需求的服务或产品,还没有被生产出来。市场会告诉社会企业家,什么样的产品或服务根本没人要,或者已经不再有人要了。当社会企业决定扩张前,一定要了解市场的需求。

市场中永远都会存在竞争者,但很多商人会忽视竞争,闭门造车。有时,社会企业家会想当然地认为,如果增加产品产量或服务,市场就会接纳这些扩容。举个例子,格里斯通面包店在英国布朗尼高端品牌市场上鲜有竞争者,虽然有一些区域性的品牌竞争,但在英国布朗尼市场中它是最有竞争优势的品牌。说到底,格里斯通面包店是一家经营甜品的企业,因此每一家甜点企业都应该是它的竞争者。格里斯通面包店不仅会与别的甜点烘焙食品竞争,比如饼干和蛋糕,还会与每一个冰激凌制造商竞争,甚至会与每一个糖果制造商竞争。在有些家庭里,对于餐桌上的甜品来说,甚至连水果也是布朗尼的竞争对手。因此,社会企业无法避免市场竞争。

一个社会企业必须放下姿态,把自己的产品或服务与所有可能作为竞争者的产品和企业进行比较。不然可能会失去已有的市场份额,或者在竞争中受到意外打击,措手不及,市场判断错误对社会企业来说后果是很严重的。社会企业的风险投资极其珍贵,是实现社会企业使命的关键,因此了解市场并把握机会才能够不辜负投资者的信任。

10.4.2 资 源

如果社会对社会企业所提供的产品或服务的需求量超过现在的产能,那么必须思考怎样负责任地、量力而行地去满足这些需求。如果接到一个大订单,就得完全满足客户的需求,将客户最喜欢的产品或服务按时交付,延期交货是不可行的,因为客户可以从别的地方购买类似的产品或服务。谢绝大客户之后的合作,比得到订单然后失去大客户更明智。客户往往对愉快的合作没有什么印象,但是对糟糕的合作却记忆犹新。

缺少资源可能会使社会企业具有"贫穷思维"。如果因为实在没有资金而使用质量较差的材料,这个客户下次就不会再购买其产品了。更糟糕的是,这个客户会告诉其他客户,说这家社会企业的产品质量差。虽然这样做可以减少成本,但这降低了产品的曝光率,从而使产品卖不出去;也许还能节省人工费用,付给员工比同行低的工资,短期来看节省了人力成本,但最终却使企业失去了优秀的员工,最遗憾的是,企业员工最终被竞争者挖走。

缺少资源会让社会企业在市场中犯错,因而很难获得成功。如果社会企业拥有的资源还不足以把一件事情做好,那么就不要行动,耐心等待,直到拥有全部所需的资源,这是一条需要严格遵守的纪律。市场是残酷的,不会扶持或照顾谁,社会企业必须严阵以待。成熟的、足够的资源可以谋求更好的市场发展,缺乏资源会使社会企业在产品或服务的决策上犯错,

第 10 章
社会企业的成长动力与理性扩张

可能会做出违背使命的决定,也可能无法肩负最基本的社会责任。

10.4.3 企业文化

如果社会企业没有企业文化,即使拥有最完美的想法和最丰富的资源也可能会失败。在建立企业文化上要有前瞻性,应该与社会使命、目标和营销中传递的信息相一致。企业发展和扩张的时候,早已错过了考虑文化的时候。建立企业文化是一个漫长的过程,从企业创立的第一天起,或者更早,就要开始打造属于自己的企业文化,把企业氛围、人际关系、个性特征、商业需求等全部考虑在内。

当社会企业发展和扩张的时候,也是企业文化经受考验的时候。一家企业的员工影响着企业文化,同时也受企业文化影响,他们需要适应企业文化,不然就会格格不入。如果无法适应,就得选择离开,不然就会让企业中的其他人也一起感受到痛苦,于是这样一群痛苦的人创造了一个新的企业文化。痛苦的人像病毒,会把痛苦病毒传染给其他员工,无论让他们再做什么,都无法做到很好。企业文化对于扩张来说是基石,如果员工一直在一种负面情绪的企业文化中生存,希望他们工作有所突破,结果可想而知。

社会企业唯一可以选择的方法就是创造一种健康的企业文化。宏大愿景、发言权、话语权和规范是一个健康的企业文化的基石。随着企业规模的不断扩大,新员工越来越多,就必须关注并坚持这四个方面的实践。

(1)宏大愿景:尽管现在打算走的道路工作量巨大,且危险重重。但也会让社会企业有新收获,把握机会,充分利用扩张创造更大的社会影响。

(2)对内发言权:发展和扩张需要愿景、纪律和创新,也需要快速、灵敏的决策力。在这种环境下,给予员工发言权比其他什么都重要,一定不要让社会企业家什么都自己干。

(3)对外话语权:与扩张之前相比,迅速发展的社会企业和更多的利益相关者有了接触机会。赋予员工尽可能多的话语权,可以在每一个接触利益相关者的场合中更好地描绘企业的全貌。

（4）仪式：不要忘记仪式活动。在企业的扩张中，它很容易半途而废。当处于焦头烂额的时候，很难抽出时间去做那些看起来不重要的每周例会或是员工分享，请不要忽视仪式活动的力量。

10.4.4 原 则

如果社会企业发展态势良好想要进一步扩张，遵守市场经济的原则至关重要。扩张是激进的，但同时也要更加肩负责任，不要因为眼前成就而疏忽大意，留有足够余地，以备不时之需，事情并不总是朝着好的方向发展。因此，设立储备基金，在出现罢工或出现故障时，可以发挥一定的作用。

一旦明确所有原则问题，摒弃个人和公司的盲目自负，就应当以商业计划书的形式把这些原则写下来，按照既定原则行事，不至于犯下致命错误。在扩张中，企业需要抓住每一次机会来获得成功，就像在社会企业初创期所做的一样，万万不可疏于计划，这才是扩张真正的开始。

10.4.5 领导力和董事会

在社会企业发展和扩张之路上，有一个因素可能比所有其他因素更重要，那就是领导品格。领导品格是指领导者如何聚集自己的能力和资源来引领企业跨越这个发展阶段，领导力没有一劳永逸，随着企业的发展壮大，要求的技能更高，付出的精力更多，对自我的牺牲更大。

社会企业董事会的任务是确保企业向正确的方向发展，真正实现初期制定的目标。理想化的董事会应包括首席执行官（CEO）和高级管理者，还有相关利益者，如投资公司。但随着社会企业的成长，在高层、社区和利益相关者之间会产生意见冲突，因此处理好三者之间的关系非常重要。

社会企业的董事会与商业企业的董事会有着相似的职责，即管理资

第10章
社会企业的成长动力与理性扩张

源、为决策与行为负责和实施战略。不同的是,社会企业的董事会受到现实情况和压力的限制,会更多地参与筹资和管理志愿者的工作中,确保公共服务的角色。

社会企业董事会的表现有时难以实现社区成员的期望和职责履行。这是因为吸引一些既有商业企业工作背景又有社会责任感的董事会成员太难了。社会企业的董事会成员只有非常低的报酬,却要作一些艰难抉择。另外,从商业部门引进的成功经理人,对社会企业的董事会并不能马上融入。但是,这些问题都可以通过培训来解决。最重要的问题是要保证社会企业的董事会成员随时认识到自身的责任,适应这些社会责任,和员工形成良好的沟通。

理想的社会企业董事会应当由富有慈善意识和具有商业技巧的人组成。实力软弱的董事会不能设定明确的企业目标,或不能很好地管理和监督员工和志愿者的行为,那么意味着管理者和员工会抛弃企业的共同价值观,而去追求自我的价值实现。当管理者、员工和董事会成员之间的信任关系开始瓦解,管理者就很难再进行管理,社会企业整体发展也很难再继续,更不要提扩张社会企业了。此外,董事会的监管者应该保证董事会能清晰地表达和反映意见。只有当社会企业的董事会冲突降低、协调合作以及意见统一时,社会企业才能正常扩张。

10.4.6 利益相关者

管理利益相关者对社会企业成功扩张具有很大的作用。利益相关者包括了内部的和外部的,以及具有影响力的不同支持者。

利益相关者对社会企业的活动有着非常明确的兴趣。通过对利益相关者的分析,可得知一家企业的定位和愿景。社会企业的管理者需要协调好利益相关者之间的关系,以保障企业文化和使命的实现,最终,使社会企业成功地成长扩张。

10.4.6.1 利益相关者角色

利益相关者可以是个体,也可以是公共或私人部门的企业,包括顾客、竞争者、政府、供应商、社区、员工和借款人,所以这是一个范畴非常广的概念。分析利益相关者是为了认识不同利益相关者的各种期望和协调不同的期望。因为,不同群体之间的利益是有冲突的,所以对社会企业而言,协调利益相关者是保证企业扩张成功的一个条件。

利益相关者之间的利益冲突包括:①短期利益和长期利益的冲突;②外包的职业管理方式和亲力亲为的日常管理之间的冲突;③把业务扩展到本地市场以外和只是在本地社区进行服务的冲突;④在公共服务中,大而广的服务范围和专业服务的冲突,以及服务经费的冲突。

10.4.6.2 利益相关者分析

利益相关者分析是用于分析与社会企业利益相关的所有个人和组织,帮助社会企业在战略制定时分清不同类型的利益相关者对战略的影响。利益相关者根据所拥有的权利以及对社会企业战略的兴趣,可以进行不同的分类。对于权利和兴趣这两个维度,有两个问题需要回答:①权利,利益相关者对社会企业新战略的制定和实施有多大影响?②兴趣,利益相关者对社会企业新战略的制定和实施有多少兴趣?

在制定和实施社会企业新战略的过程中,社会企业的利益相关者被分为四种不同类型的群体(见表10.1)。①D类利益相关者:是社会企业主要的利益相关者群体,既对社会企业新战略非常感兴趣,又对新战略的制定和实施过程具有显著影响。应重点考虑D类利益相关者的意见,因为他们是社会企业的主要支持者。②C类利益相关者:对社会企业保持较高满意度的群体,虽然对社会企业新战略非常感兴趣,但对制定和实施过程的影响相对较弱。不能忽略他们的态度,因为他们能在特定事件的影响下转变为D类利益相关者,并支持或阻止社会企业新战略。③B类利益相关者:信息需求者,虽然对新战略的兴趣较小,但不能忽略他们的影响力。B类利益相关者需要获得更多的信息,当对社会企业新战略产生兴趣时,他们能够对制定和实施过程产生影响。④A类利益相关者:对社会企业贡献最少的群体,既对社会企业新战略兴趣较小,又对制定和实施过程影响较小,因此A类利益相关者对社会企业新战略的影响是最小的。

表10.1 利益相关者的分类

能力	低兴趣	高兴趣
低	A.投入最小的努力	B.满足其信息需求
高	C.保持其满意	D.主要利益相关者,高度重视

在社会企业中,外部的利益相关者可能包括:

(1)社区和代表委员会;

(2)政府机构和财政部门;

(3)捐赠者、私人投资者和赞助者;

(4)治理委员会、社团、交易协会和其他慈善企业。

内部的利益相关者一般包括创始成员、志愿者和员工。在医疗服务机构中,利益相关者则包括病人、辅助临床医生的员工和专业提供医疗服务的机构;在教育机构中,利益相关者则包括学生、学生家长、学校董事会、老师和其他职工。

10.4.6.3 社区也是利益相关者

社会企业最重要的利益相关者来自所在社区的成员,尤其是那些接受社会企业服务的成员们。比如,一家在社会中服务的医院或学校,病人和学生是最重要的利益相关者,但现实中他们的利益却常常会被忽略。

社会企业内外部的利益相关者可以在一张表中被清晰地划分,每一位利益相关者的重要性都可以被评估。这张表呈现了最相关的利益相关者和次相关的利益相关者,做这样一张表时,包括以下步骤:

(1)发现和列出潜在的利益相关者;

(2)通过访谈,评估他们的兴趣程度;

(3)评估利益相关者对决策的影响程度,尤其对决策的阻碍能力;

(4)评估他们对决策的支持能力。

有很多评估利益相关者的方法，其中包括调研问卷、访谈和焦点小组等，询问利益相关者的需求，了解他们如何评估组织和项目，建议哪些新的项目，以及利益相关者的影响程度等。对社会企业利益相关者进行分析，有助于社会企业选对扩张的方向。

综上所述，只有当以上六个关键因素都掌握了，社会企业才会向健康和适合的方向扩张，并成长为既实现社会使命又能在市场中可持续发展的组织。当社会企业想要成长扩张时，应考虑周全，尽量做到在不影响社会目标的前提下，实现可持续发展。

案例10.1

无障碍艺途

无障碍艺途（World of Art Brut Culture, WABC）旨在以当代文化艺术为媒介去教育和提升残障人士的精神生活品质，希望能够超越简单的物质帮扶形式，在中国当下的社会环境中对于残障人群，探索出一种艺术的治疗手段。因此，无障碍艺途的社会使命是寻找有艺术天赋的脑部残障人士，为他们搭建一个展示自己、与社会交流的平台，从而缓和社会对于这个群体的偏见，使之逐步融合。

无障碍艺途的创始人是苗世明，是一次偶然的机会（2009年首届北京798双年展WABC计划项目）让他接触到了这些具有特殊需求人群的生活。结合现实状况及以往艺术培训和教学的经验，无障碍艺途尝试以这种艺术的方式和特殊人群进行交流，在整个教学过程中，无障碍艺途发现很多人是具有艺术天赋的，而且艺术实践也的确在一定程度上改善了心理状态和情绪。

通过艺术的方式与残障人群沟通，在国外已有类似的专门机构和组织，基于已有的国外经验，苗世明在中国建立了第一家专门致力于开发脑部残疾人群艺术潜能的机构，帮助他们展示自我、与社会交流。

组织成长

1. 组织扩张

无障碍艺途多次尝试不同的组织扩张和增长,并履行着"公益、艺术、创新"的社会使命。无障碍艺途于2012年成立,依靠恩派公益组织发展,以民办非企业的形式注册,仅用了两年的时间就已经服务了不少具有艺术需求的残障人群。随着组织的发展和服务更多的人群,无障碍艺途考虑扩张规模,在更多的地方开设分部和更多的线下衍生品概念店。

由于上海市政府想要将靠近新天地的儿童福利院原址上的几幢小楼重新投入使用,建立上海的公益新天地。无障碍艺途在恩派的帮助下,承包了其中的一幢作为公益艺术中心,并把它作为美术馆,这家美术馆专门展览精障人士的优秀作品,让大众通过这些作品了解这个特殊的群体,增加精障人群的社会融合能力。这个美术馆得到了招商银行的100万元资助。

2. 组织正规化发展

在无障碍艺途逐渐走向正规化的过程中,经历了三个阶段:初期的尝试;对服务对象的社会责任感;对于"人人都是艺术家"这一社会使命的深刻认知。所以,无障碍艺途的成长不仅是单纯的规模扩张,更是为了社会使命的实现而考虑的组织成长。

在成长的过程中,无障碍艺途从初期的创始人独撑局面,发展到拥有4名全职员工的机构。随着员工的增多,项目及机构也逐渐走向专业化运作,无障碍艺途拥有了理事会、顾问团,有明确管理资金的兼职财务,与企业、政府和其他机构进行合作,并有了行政和人力资源部门,总体结构如图10.1所示。

业务发展

1. 业务模式

无障碍艺途以社区服务为主要业务模式,因为上海的每个社

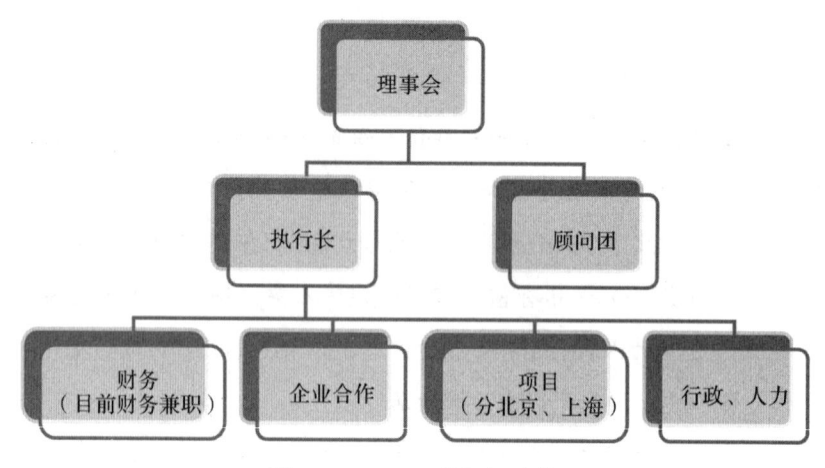

图10.1　WABC的组织结构

区都有服务中心，下设专门面向社区内的残障人士提供服务的部门。因此，把服务重点放在社区，与各社区服务中心合作是发展无障碍艺途业务的主要途径。

无障碍艺途并没有在社区设立自己的工作室，而是借用社区现有场地，成立临时的站点工作室，把"WABC"计划通过建立社区站点工作室的形式，在现有的社区服务中心开设艺术潜能开发课程，给喜爱绘画的学员一个展示自己、培养兴趣的机会，同时也能起到一定的辅助康复功能。至今，已开展社区活动8个，其中上海5个、北京3个。

无障碍艺途提供的艺术潜能开发课程，有别于一般的美术培训课程，其最大特点就在于更注重学员的艺术启蒙和个性发展。一般机构开设的绘画培训课程多以模仿教学为主导，影响了学员的想象力和创造力。受到日本著名"波点女王"艺术家草间弥生的启发，WABC提供的艺术潜能开发课程以启发式教学为主导，尽可能地保留学员的天然性格和艺术倾向，激发他们的想象力和创造力，有助于创造出拥有独立风格、独立审美体系的艺术作品。

2. 衍生产品的商业化

无障碍艺途希望这些学员发挥自我的艺术创造力，使得做出的艺术品具有独特风格和独立审美体系，并能够通过专题展览、销售衍生品等方式，让大众了解和认可这个群体的艺术才能，从而实现残障人士社会价值和经济价值的同步提升，并寄希望于此逐步缓和社会对于这个群体的误会与偏见，以促进城市和谐与美好发展。

在初期，无障碍艺途很难找到生产商，大众对残障人士的认识和信任度较低，不相信所做出来的东西能够具有商业价值，因此，无障碍艺途自己生产出了第一批产品，并改变了大众对于这些产品的偏见。无障碍艺途以学员的绘画作品为基础，由设计师志愿者进行再设计，生产和销售贴近百姓生活的相关衍生品。

产品的图案都是由智障学员自己创作的，属于原生态的艺术作品。无障碍艺途以此为媒介让更多的社会大众了解残障人士丰富的精神世界和独特的艺术价值，以期达到两个群体的真正融合。后期衍生品的一部分销售额以版税等形式回馈给残障人士，既实现了社会使命，又探索出了一种工作整合形式的商业运行手段。

案例10.2

老爸评测

老爸评测是一家专注于消费品安全评测的科技公司，旨在通过专业的评测服务和科普教育，帮助消费者了解产品的安全性，从而做出更明智的消费决策。公司提供包括但不限于产品成分分析、安全性检测、使用效果评估等多方面的服务，覆盖了食品、日化、家居等多个与日常生活密切相关的领域。老爸评测坚持独立、客观的评测原则，不接受任何形式的广告赞助，确保评测结果的公正性。同时，公司也积极参与公益活动，通过各种方式提升公众的产品安全意识，如开展免费检测活动、发布科普内容等。

此外，老爸评测还涉足电商领域，通过老爸商城为消费者提供经过严格筛选的安全放心产品。公司的发展得到了社会的广泛认可，不仅拥有众多忠实粉丝，还获得了多项荣誉和奖项，成为消费品安全领域的重要力量。通过不断的努力和创新，老爸评测致力于成为民间认可的安全放心标志，为消费者提供更加安全、健康的生活方式。

1. 成长动力

老爸评测的成长动力主要源自其强烈的社会责任感和对公共安全的承诺。公司以"让天下老百姓过上安全放心生活"为使命，通过专业的消费品安全评测，为消费者提供科学的消费建议和生活指导。这种以提升公众生活质量为核心的企业理念，不仅赢得了消费者的信任，也为公司的发展提供了持续的动力。在如今充满竞争的商业环境中，这种注重社会责任和公共安全的企业文化不仅是一种使命，更是一种社会责任的具体践行。通过不懈的努力，公司建立了一支专业团队，致力于从科学、客观的角度评估各类消费品的安全性，确保消费者能够做出明智的购买决策。

2. 成长策略

老爸评测通过多元化的服务模式和对创新的持续追求，实现了持续发展。公司提供一站式检测技术和咨询服务，满足消费者对产品安全的需求，并不断探索新的服务领域，如开展甲醛检测仪漂流项目、提供免费的家居安全检测服务以及推出老爸商城等。这些举措不仅增强了市场竞争力，也扩大了社会影响力。通过与政府机构合作，老爸评测还参与了社区环保活动，提高了公众对环境健康的认识，为社会可持续发展贡献了力量。此外，公司还积极开展公益活动，捐助教育资源给贫困地区学校，支持儿童教育事业，助力教育公平。在员工关怀方面，老爸评测实行灵活的工作制度，提供培训和职业发展机会，营造良好的工作氛围，使员工积极投入工作中，为公司的长远发展贡献智慧和力量。老爸评测不仅是一家专业的检测技术服务提供商,更是社会责任意识的践行者,在实现经济效益的同时,积极承担起社会责任,为构建和谐社会贡献着自己的力量。

3. 扩张评估

在业务扩张过程中,老爸评测始终保持审慎的态度。公司不仅与专业实验室合作,以确保检测服务的专业性和准确性,还积极倾听用户反馈、开展市场调研,不断优化服务内容和用户体验。这种审慎的扩张策略使得公司能够在保持核心价值的同时,有效拓展业务范围。此外,公司还注重建立长期可持续的合作关系,与行业内各方开展合作,共同推动行业的发展与进步。同时,公司积极参与社会责任活动,回馈社会,树立了良好的企业形象,赢得了用户和合作伙伴的信任与支持。这种综合性的发展策略不仅使公司业务蓬勃发展,还使其在行业内树立了良好的口碑和品牌形象,为未来的发展奠定了坚实的基础。

4. 成长扩张的条件

老爸评测的成长和扩张基于多个关键条件:第一,公司不断投入资金购置最先进的专业设备,并建立高标准的实验室,以确保评测服务的专业性和准确性。这些设施不仅提升了公司的技术水平,也赋予了其在市场上的竞争优势。第二,公司拥有一个由多领域专家组成的团队,他们在化学、生物、工程等领域拥有丰富的专业知识和经验,为业务的发展提供了坚实的技术支撑。第三,公司一直坚持非营利性业务模式,这保证了评测工作的独立性和客观性,让客户能够更加信任其结果。第四,公司与政府、第三方实验室以及供应商建立了紧密的合作关系,共同致力于保障评测工作的顺利开展,并确保结果的可信度。第五,公司不断探索创新的业务模式和服务方式,灵活应对市场变化和消费者需求,例如引入智能化技术、开展定制化服务等,以确保公司在行业中持续保持领先地位。

第 11 章　社会企业的大展宏图与小步迭代

在本书的最后一章,我们将总结社会企业未来发展的领域,这些领域也是社会问题产生的源泉。当然,在选择了自己所要从事的领域后,社会企业家要避免一些常见的错误,以使社会企业获得持续发展。除此之外,社会企业家还应该从可持续性价值的角度去看待社会企业的发展,并在发展过程中处理好个人与组织的关系。

11.1　社会企业十大领域

在社会企业家进行社会创业之前,需要确定社会企业想要解决的社会问题,也即社会企业的存在领域。本书的最后,我们列出了值得社会企业关注的十大重点领域,希望可以为社会企业家提供一些创业的背景信息。社会企业家可以以此为切入点,找到适合自己的领域,并进而搜寻更多的行业信息。当然,不同的领域之间可能存在重叠,这意味着社会企业家要突破领域的束缚,从一个方面入手解决多个相关的社会问题。

11.1.1　文化领域

社会企业可以将自己的关注点放在社区的文化问题上,如道德、文学、历史、艺术、语言等。当一个社会企业涉及健康(如吸毒问题等)、教育(如教学改革等）或政治（如腐败问题等）问题时，那么我们就说社会企业在试图解决与道德伦理相关的问题。或者，当社会企业努力促进一门外语在当地社区的使用，那么社会企业则是在关注语言问题。当然，社会企业也可以促进某种文学流派或音乐流派的发展，所有这些与文化相关的问题都可以为社会创业提供土壤。

11.1.2 环保领域

当我们使用或误用自然资源（如空气、水、土壤、植物等）时，社会问题就会随之浮现。气候变化是一个日益严重的环境问题。污染的空气、水和土壤对人类生存造成了困扰。为帮助解决这些问题，社会企业如雨后春笋般涌现。如某些社会企业家关注水源纯净以及添加剂（如氟和氯）这一问题，进而创办了社会企业。也有很多社会企业将重点放在保护珍稀的鱼类、鸟类等濒危物种方面。虽然这些举措取得了很多成就，但仍然需要采取更多的行动。

11.1.3 保障领域

社会企业也可将目标设定为提高目标群体的生活质量，如供热、供水、供暖、住房、衣物或食物等。比如，发展和救援组织联盟——"乐施会"一直致力于确保基本的人权。它认为，世界各国的公民可以通过团结合作消除贫困和不公平。目前，"乐施会"在全球60多个国家推行扶贫及救灾工作，帮助穷人改善生活，实现自力更生。社会企业可以在这些基本生活保障方面大有作为。在此过程中要注意不同问题之间的联系。例如，水源质量既是一个环境问题，也是一个生活问题，社会企业应当寻找不同领域之间的关联点和突破口，以有效解决问题。

11.1.4 健康领域

医疗保健也是一个重大问题,许多人没有医疗保险,因而无法获得高质量的健康服务。如果社会企业想投身医疗保健领域,可以将关注点放在以下两个领域。

(1)疾病治疗:社会企业既可以促进癌症、心脏病、疟疾、HIV等各种疾病的治疗,也可以促进治疗方法的变革和改进,如维生素疗法、心理治疗等。除此之外,社会企业也可以致力于维护病人权益,改善医患关系,改良卫生设施。

(2)疾病预防:社会企业也可以将重点放在疾病的预防方面。如工作场所的健康和安全、烟酒的使用、水源安全、垃圾分类等。

11.1.5 移民领域

如今,国家和地区之间的人口流动异常频繁。所以,社会企业也可以关注移民和难民领域的相关问题。将移民与难民进行区分,是因为难民大多在死亡、疾病或饥饿的威胁下被迫迁移,移民则较少面临生命威胁。这些人在进行迁移后大多面临就业或社会融入等问题。社会企业可以为他们创造工作机会,帮助他们融入主流社会,减轻种族冲突,并促进多元文化的形成。

11.1.6 生活领域

社会企业也可围绕日常生活问题开展活动。很多社会企业家希望解决与种族、宗教、计划生育、消费、生活垃圾、休闲活动等相关的问题。例如,有的社会企业开展消费宣传,帮助人们树立正确的消费观,避免盲目消费;有的社会企业则关注年轻人、老人和残疾人,开发一些适合不同年龄层次的群体的休闲活动。

11.1.7 工作领域

工作对每个人而言都是至关重要的,人们需要依靠工作获得生活来源。现实中,失业问题或就业矛盾的存在为社会企业的创立提供了条件。社会企业可以为就业者提供就业信息,也可以解决工资纠纷、工人的健康和安全问题。此外,社会企业也可以通过招聘员工进行产品生产或服务提供来解决一部分就业问题。其实,大多数社会企业都会在运营过程中直接或间接地解决部分人群的就业问题,为他们提供就业培训,提升他们的工作技能,进而促进他们自力更生。

11.1.8 和平领域

由于和平发展的重要性,社会企业可以将目标设定为制止战争、暴力或恐怖活动等威胁世界和平的因素。当然,这方面的活动可能是高风险的,社会企业必须对自身面临的风险进行评估,以决定自己可以承受的风险水平。此外,和平问题与政治问题往往高度相关,社会企业应该把握好活动的边界,避免不必要的冲突。

11.1.9 教育领域

社会企业家创建了各种与教育相关的组织,如小学、中学、专职教育和大学教育。很多社会企业将重点放在成人教育和继续教育领域,甚至关注更广泛的公民教育和公民参与领域。其实,社会企业可以更多地关注与社会发展密切相关的公民参与,开发各种可以激发社区公民参与的活动,如社区合唱团、社区志愿服务等。

11.1.10 城市化领域

城市化的过程产生了各种各样的问题,也为社会企业的创立提供了条件,很多社会企业关注解决城市盗窃或暴力、建立新的城市住房或减少现有住房密度、强化邻里关系等。此外,公共交通也存在一系列的问题,有助于创业行为的产生。当然,一些其他的领域,像垃圾收集分类、休闲娱乐等活动也可以为社会创业提供土壤。

11.2 社会企业十个常见错误

社会企业家在成功的过程中往往会犯一些错误,这些错误中的任何一个都可能阻碍社会企业使命的完成。所以,在本书的最后一章我们将这些错误一一列出,希望可以帮助社会企业家们鉴别出这些错误,进而采取措施加以避免。

11.2.1 漠视潜在的领导者

如果社会企业家不能意识到潜在的领导者的重要作用,社会企业会因此处于不利地位。在社会企业的运营中,社会企业家需要给予那些表现出色并且具有领导能力的个人更多的重视,并且高层领导者应该将对下属的能力审查常态化,定期讨论哪些员工值得进一步提拔。

11.2.2 志愿者管理不善

志愿者管理不力是社会企业运行时容易犯的另一个严重错误。如果社会企业家亲自管理志愿者,一定要尽可能地提高管理效率,精心培训、指导和监督社会企业的志愿者。如果社会企业家雇用职业管理者进行志愿者的管理,则需要进行定期检查,以确保志愿者得到有效管理,他们的热情得到持续调动。

11.2.3 过度官僚化

无论社会企业采用营利组织形式还是非营利组织形式,过度官僚化都是一个常见错误。社会企业在发展过程中,官僚化的过程是不可避免的。但是社会企业家要注意的是,避免官僚化作风的过度膨胀。同时,确保社会企业的其他领导者和管理者清醒地意识到过度官僚化的危害。

11.2.4 急于注册成立

很多社会企业都急于注册成为合法实体,但并不一定所有的合法注册都是必需的。获得法律认可的地位,有助于社会企业的身份被公众认可。很多采用营利组织形式的社会企业别无选择,只能选择注册;但是采用非营利组织形式的社会企业是有选择的。一些较小的社会企业虽然没有注册,但是它们仍然可以通过灵活的方式完成其目标和使命,所以,对这些社会企业而言,并不一定要急于注册。

11.2.5 忽略社会趋势

社会企业家很容易被社会企业的日常运营所束缚,毕竟这些日常运作关乎社会企业目标的实现。但是,如果社会企业家总是低着头发展,很容易忽略更广泛的社会发展趋势,进而导致自己的失败。当今世界的一些重要趋势,像城市化、老龄化、多元文化等,都会影响社会企业的发展,因此,社会企业家必须及时了解这些变化及其影响,并制定相应的战略。

11.2.6 乐观的筹资态度

社会企业家对资金的筹集态度往往过于乐观,他们认为,找到资金来支持社会企业的使命是很容易的。所以,当社会企业寻求政府或基金会的资助时,往往不是非常用心。但其实,不同社会企业间的资金争夺是非常激烈的，社会企业要努力争取来自各方的资金支持。

11.2.7　缺乏创新意识

社会企业缺乏创新意识会严重影响组织的发展，很多创新的想法会因此被扼杀在萌芽状态中。本书的建议是：不断寻找有助于社会企业运行和目标实现的新途径。当然，单纯为了创新而创新是不可行的，这可能会危害社会企业的健康发展及其使命。

11.2.8　选错名字

社会企业不要选择没有意义的名称，华而不实的名字无法准确、迅速地传达社会企业的性质或使命。更糟糕的是，这些错误的名字传递的理念与社会企业的理念背道而驰，因此，社会企业家创立社会企业时，首先要在名字的选择上多下功夫。

11.2.9　没有建立网站

在数字时代，没有一个自己的网站可能会为社会企业带来意想不到的后果，现在越来越多的人转向在互联网上搜索信息，他们也希望在网络上了解社会企业。网络的力量不容忽视，如果社会企业不创立一个网站，可能会因此失去部分客户。

11.2.10　不利用媒体宣传

如果不能充分利用各种媒体，社会企业会因此丧失一个宣传自己的好机会。虽然，与媒体打交道需要社会企业付出额外的努力，但同时也会产生显著回报。社会企业及其使命需要通过各种途径传达出去，媒体这一环必不可少。

11.3 社会企业发展建议

11.3.1 重视双重价值

社会企业是一个新兴的领域,吸引了多种多样的参与者,像社会活动家、商界人士、学者以及政治家等,不同的参与者对社会企业有不同的理解和观点,他们也通过不同的探索和实践来促进社会企业的发展。虽然这些参与者选择的路径不尽相同,但是他们都在攀登同一座大山——"社会创业之山",都在追求同一个目标——"混合价值最大化"。无论是投资者、捐赠者,还是社会企业家、慈善家,本质上都在做同一件事情。他们都围绕社会企业的双重价值开展活动,同时考虑经济价值和社会价值,而不是只考虑经济绩效或社会影响。总体而言,混合价值对企业性质、资本投资、绩效评估、知识资本等问题有着非常显著的影响。

11.3.1.1 企业性质

从价值创造的角度来看,营利组织与非营利组织没有太大的区别。换句话说,非营利组织可以创造经济价值,而营利组织也可以产生社会和环境影响。当今世界,很多营利组织设有以慈善为目的的基金会,而很多非营利组织也开展各种可以营利的项目,所以说,组织形式对社会企业而言只是一种战略手段,无论是营利组织还是非营利组织,其产生的价值都是混合的。但是,在实践中,我们必须承认,非营利组织在创造和利用经济价值方面不如营利组织,而营利组织在创造社会价值方面不如非营利组织,尽管如此,两种组织形式都有创造双重价值的潜力。

11.3.1.2 资本投资

越来越多的资本投资者开始关注除财务回报之外的其他价值创造,这种趋势越来越成为一种主流。而随着投资者追求社会价值和经济价值的最大化,新的机遇也将出现,促进追求多元回报的投资者之间的相互合作,为社会企业混合价值的创造提供充足的资金。这种主流资本投资市场的显著变化将持续发生,同时也为基金会等提供捐助的慈善机构提出了额外的挑战,迫使他们开发新的投资战略以最大限度地利用资金。其实,慈善机构目前正处于重塑自身的过程中,新的慈善企业家正在推动新的慈善创新。对于社会企业家而言,这种慈善力量的变革既是挑战,也是机遇。

11.3.1.3 绩效评估

如果社会企业要实现双重价值,一定要设定社会价值和经济价值评估的框架。尽管传统的财务分析、项目评估等方法也是需要的,但这些工具都是单一底线的,所以在评估社会企业的多重底线和混合价值时,这些工具必须加以改进和完善。虽然创建一套可以衡量混合价值的通用指标异常艰难,但是社会企业家可以先从社会价值和经济价值单方面入手,随着时间的推移以及不同实践者的努力,社会企业最终可以形成具有整体性的绩效评估指标,用于评估组织的整体绩效,促进社会企业的发展运营。

11.3.1.4 知识资本

当今世界,知识越来越少地从一个孤立的实践中被发现,而是更多地建立在多项实践之间。无论是营利组织,还是非营利组织,单方面的知识都不足以解决它们面临的问题,新兴的知识将来源于社会企业努力解决日常挑战的点滴实践。迄今为止,研究社会企业的机构,如哈佛商学院、斯坦福商学院,大多都是基于捐赠者的兴趣,这不利于促进社会企业知识的发展壮大。此外,为进一步拓展社会企业的相关知识,学术机构应该与社会企业建立紧密的合作伙伴关系,这有助于促进社会企业研究者与实践者的互动。

11.3.2 警惕血汗资本

在商界,投入到一个新创企业的资本叫作金融资本(financial equity),投入到这个新创企业的时间和精力成本就叫作人力资本(sweat equity)。

第 11 章
社会企业的大展宏图与小步迭代

很多时候,这种人力投入没有任何回报,因为大部分企业都以失败告终。而当企业成功时,它的潜在回报也是巨大的。但当企业家对企业的投入超过了一般意义上的人力资本,工作时长和劳动强度超过了人体的极限,而且这种超常的付出开始影响健康和家庭和睦时,那么这种投入就成了血汗资本(blood equity)。

具体而言,血汗资本的特征是,没有时间回家,没有时间陪家人,没有时间做家务,不停地打电话,不停地收发邮件。此外还有持续不断地处理多项任务,放弃爱好,取消社交,缺乏睡眠,食欲减退等。

当然,社会企业家可以进行正常的工作,他可以思考下一步如何行动,可以思考怎样才能招到关键岗位的合适人选,等等。但是,当这些思考开始影响生活时,社会企业家则必须意识到,不仅重大的使命召唤着你,"生活"也在召唤着你。正是因为社会企业的回报不只是金钱,我们才要警惕这种情况的发生。当社会企业家在投入地工作时,切记,不要为了达成使命而影响身体健康。

一般而言,伟大的社会企业家具备如下特质。

(1)坚定不移的信念:坚信每个人都拥有对经济和社会发展做出贡献的能力。

(2)持续不断的热情:努力让第一条信念成真。

(3)脚踏实地却又大胆创新:对于社会问题,经常能用坚韧的毅力、顽强的意志,去突破理想主义的束缚和教条,去承担其他人不敢承担的风险。

(4)持续监测企业影响力:社会企业家对自己的企业拥有很高的敬业度。他们运用定量和定性的方法收集数据,及时掌握反馈信息,从而不断改进。

(5)努力寻求变化:社会企业家不会坐等变化发生,他们是变化的推动者。

(6)践行以上五条之外,告别血汗资本,做到生活平衡。

11.3.3　经营社会企业的十三条建议

如何让社会企业家保持愉悦并完成使命,又能把社会企业做得越来越好?本书最后提供了一系列的建议。

11.3.3.1　不断推敲平衡点

社会企业家应该对选择做什么或不做什么的机会成本有非常清晰的认识。正如社会企业的每一个决定都是一次使命和利润的权衡一样,社会企业家作为领导者,需要对愿意付出什么样的代价去换得什么样的成就做出明智的选择。如果有必要的话,社会企业家可以做一些书面的比较:"如果我做A,那么我就不能做B。不做A对于社会企业的影响是什么?不做B对于家庭的影响是什么?如果我不做A,我又该如何消除它对社会企业的影响?如果我不做B,如何才能修复它对家庭的影响?"既然社会企业家能测量社会企业的财务状况和社会影响,那么也应该能测量它对生活的影响。

11.3.3.2　建立原则和底线

"每天、每周、每月你会花多少时间在企业运营上?你会把工作带回家吗?你会在家里接听工作电话吗?你会动用你的私人资源(完全超出你对社会企业承诺的人力资本的范畴)去推动社会企业成功吗?你会把度假和商旅混同吗?"这一切问题都要在社会企业家陷入巨大的痛苦和危机之前思考清楚。

11.3.3.3　对挫折有所准备

无论社会企业家觉得自己有多聪明,无论社会企业生产或提供的是一个多么伟大的产品或服务,无论社会企业的社会影响力有多引人注目,社会企业家都会经历事情发展不顺的时候,所以,要提前为这些挫折做好准备。应该说让情绪低落的自己重新振作,是社会企业家必须学会的一课。

比如,在社会企业家离开办公室去会见客户时,银行账户里的钱已不

第11章
社会企业的大展宏图与小步迭代

够支付工资,那么该如何让自己在这个重要客户面前振作起来,表现得非常自信?

11.3.3.4 从错误中学习

所有人都需要时刻保持学习状态,社会企业家更应如此,只有这样,才能减少犯错的概率,而且,能否对一个错误快速做出反应并纠正过来,其结果可能会天差地别。如,发布了一个市场不喜欢的产品可能会造成损失,可是如果不及时停止,一错到底,则会把整个社会企业都搞垮;雇用了一个不值得信任的经理会影响士气,但是如果不及时开除他,也会把整个社会企业拖垮。

社会企业家一定会犯错,把它们找出来,及时更正,就能转危为机。绝大部分的错误在当时看起来很可怕,事实上却并没有那么糟糕,影响力也没有那么长远。社会企业家只要能认清问题所在,据此研究对策,并进行调整,就可以从中恢复过来。

11.3.3.5 带头纠正错误

社会企业家应该少指责别人,多承担责任,自己可以从错误中学习,也要让别人从中学习。如果社会企业家能勇于承认自己的错误,那么就给了社会企业团队承认错误的勇气和机会,这既可以使团队形成改正错误的习惯,也有助于社会企业的发展,使社会企业不会因为没有注意到那些不断重复的错误和步骤而停滞不前。错误是社会企业驶向成功的路标。如果社会企业家及其团队可以纠正错误,就能为社会企业在通向成功的道路上做出正确的导航。

11.3.3.6 灵活安排

很多事情并不会按社会企业家想要的方式去发展,所以,要灵活安排。虽然商业计划必不可少,但它不是万能的,它可以作为参考工具,帮助社会企业家检查:社会企业的订单和货物运输是否顺畅?市场是否喜欢这个产品或服务?领导是否有效?社会企业家必须根据这些问题预测未来,并及时采取应对措施,在坚定社会企业愿景和使命的同时,保持计划的灵活性。

11.3.3.7 照顾好自己

社会企业家有一个特点,那就是很会照顾别人,但却不懂得照顾自己。因此,社会企业家要保证自己能抽出时间,抛开一切影响个人健康的人和事。这里的健康主要是指精神状态、情绪、心智成长以及身体状况。如果社会企业家的团队和家庭一天都离不开他,那只能说明他不是一个好领导、好合伙人、好家人。

11.3.3.8 让员工照顾好自己

社会企业家除了照顾好自己外,也要求员工照顾好自己。如果社会企业家无法让员工照顾好自己,那就说明他还不够爱这帮一起投身公益事业的人,如果是这样,社会企业家就得好好审视自己的动机,或许他根本不适合社会企业。

11.3.3.9 形成一套管理哲学

寻找简单、有说服力的方式,用行动向自己和员工证明:作为领导,社会企业家代表了什么。比如,代表了"3C":目标明确(clarity)、持之以恒(consistency)、怜悯之心(compassion)。

目标明确是指社会企业家专注于一个目标。为了达到这个目标,社会企业家可能不得不完成许多任务,但是只要心中有那个目标,就能克服所有障碍。此外,明确的目标也会激发员工的工作热情,会和社会企业家一起投身公益。

持之以恒会给社会企业家带来优良的信用。社会企业是使命驱动型组织,所以公众都在关注社会企业的所作所为是否与使命一致。或许社会企业为某个弱势群体提供了工作,也因此得到了公众的认可,但是,公众会想看到这种行为是否具有持续性。

怜悯之心是一种仁慈的品质,社会企业家能同情他人的遭遇并想要为他们做点事情。从社会企业的定义就可以看出,如果社会企业家不具备这一点，就不可能做社会企业；即使做了，本质也很快会暴露出来，公众马上就会知道社会企业做这些看似公益的事情，实际上是为了谋私利。

11.3.3.10 打造社会企业文化

设定社会企业的基调、营造良好的企业文化是社会企业家的责任。作为社会企业的领导人，社会企业家不应把社会企业的文化和使命与社会企业家的个人生活和习惯混淆起来，否则社会企业会无法完成其使命。当社会企业不能营造良好的企业文化时，员工就会质疑社会企业的使命。社会企业家要让员工对于社会企业承诺的使命和事业坚信不疑，就要亲手打造独有的企业文化，让员工能够热衷于传播社会企业的使命，捍卫社会企业的声誉。

11.3.3.11 寻求反馈

社会企业家寻求反馈要从身边找到突破口，从员工到客户，从管理团队到董事会，包括所有社会企业家能说服的人。这里之所以用"说服"这个词，是因为寻求反馈的突破口没有想象的那么简单。大部分客户在对产品和服务不满意的时候是不会告诉社会企业的，他们直接就不再来光顾，而愿意对社会企业抱怨的顾客往往想听到解释，他们的意见是宝贵的反馈。

同样，很多员工不会以社会企业家期望的方式来提出意见，比如在每月例会的时候直接站起来发表意见，说明他们在想什么。所以，社会企业家需要为他们创造其他机会，让他们表达想法，比如意见箱，或者会前收集匿名纸条等。此外，社会企业家还要留心一些非正式的反馈，比如，午餐时聊天话题的变化、员工的跳槽率及其表情和肢体语言等。

尤其要注意的是，社会企业家要为管理团队成员提供一个安全的反馈方式，让他们能够安心地把所思所想告诉自己。建议使用360度评估程序，从而为社会企业家的领导风格和管理方式提供有效的反馈。

但更重要的是，社会企业家要在所有这些基础上，建立自己独特的风格。在寻求反馈的时候，社会企业家不仅要倾听每个人的意见，也要独立辨别分析,在自己的能力范围内做出最好的决策。

11.3.3.12 共同成长

创建和运营社会企业是一件有意思的事,社会企业家会随着社会企业的发展而逐渐成长。朱迪·威克斯就是其中一个例子,她创立了白犬咖啡店,随着社会企业的名声日益壮大,她也逐渐成长。在创立之初,她根本没有什么伟大的愿景,白犬咖啡店只是一家卖小松饼和咖啡的小店。朱迪最早在一家餐厅当服务员,后来做到了总经理的职位,那时餐厅又增加了一个新的合伙人,她就被踢了出去,因为她渐渐把餐厅的事业作为社会革新进步的工具,而她的合伙人却不愿意,于是,她把自家房子的一楼改装,创建了白犬咖啡店,想要通过这个店来传递她的价值观,展示她所理解的商业。但是,她很快发现,自己那时并没有听说过"社会责任企业""公平贸易""最低生活工资"等这一类的词,当时主要是想创建一个基于社区的企业,可以服务于社区,为人们提供健康的食物以及交流的场所。如今回过头来看,白犬咖啡店的使命是随着朱迪的成长而发展的,而朱迪的改变也是因为白犬咖啡店的成长。

作为社会企业的领袖,沃尔斯也喜欢把新员工带到格里斯通面包店的使命墙面前,指着它读:"格里斯通面包房有一种让人脱胎换骨的力量。"这句话无论是对于新员工还是对于沃尔斯自己,都是真实写照。在重构资源公司,使命中也有和"脱胎换骨"意义相同的部分。这些意味着社会企业每天都在自我革新。

11.3.3.13 练习谦卑

运营社会企业是一份荣幸,既可以使社会企业家实现公益目标,又可以为其提供一个强有力的商业工具。对这份荣幸,社会企业家要深感敬畏和感激。而为了成功领导社会企业,社会企业家需要把自己拥有的每一份天赋、才能都用到服务公益上,但是,社会企业家要避免使自己陷入自负的陷阱,始终清醒地知道自己的天赋和能力源自哪里。

第 11 章
社会企业的大展宏图与小步迭代

案例 11.1

Shokay

Shokay是全球首个致力于用牦牛绒制作奢华产品的品牌，成立于2006年。Shokay一词在藏语中的含义便是牦牛绒。牦牛绒是一种稀有和高贵的面料，可以制成柔软、光滑而且不刺激皮肤的织物。Shokay从藏区的牧民手中直接收取牦牛绒，交给厂家制成各色纱线，再由来自上海、纽约等地的设计师设计出款式新颖的服装和配饰，然后由上海崇明岛的下岗女工和农村妇女将这些设计变成Shokay的产品。Shokay靠生产牦牛绒织品，营造了一种"既具有异域风情又具有社会责任的奢侈风尚"。目前，Shokay的衣服、帽子和围巾已经出口到日本、美国等国家和地区，在全球拥有100多家门店。

一般而言，我们经常将社会企业与中低端产品或市场联系在一起，然而Shokay却另辟蹊径，将目光瞄准了高端产品市场。它发现了纺织行业的蓝海，将牦牛绒推向市场，并为产品注入了时尚、奢侈和可持续的概念，然后通过其综合的业务模式，在各个环节都产生社会价值。正是这种别具一格的创新精神，使Shokay成为中国新兴社会企业的最好代言。

1. 商业蓝海

中国已有3000年以上的牦牛驯养史，而世界上约有90%的牦牛在中国，但中国传统的纺织企业并没有将牦牛绒引入市场。加之牦牛大都生活在青藏高原地区，由于交通闭塞，藏区的牧民与外界接触甚少，以致牦牛绒的经济价值长期以来处于被埋没的状态。Shokay的创始人乔婉珊在青海的调研中发现了牦牛绒这一被忽略的高原珍宝，也发现了藏族群众生活来源单一这一问题，于是便开始思考如何通过牦牛绒来产生经济效益，同时提高藏族群众的生活水平，所以她创立了一个以牦牛绒为中心的品牌，建立了世界上第一家牦牛绒生活创意店,通过开发牦牛绒产品来提高藏族群众的生活水平。

将未被充分开发的牦牛绒推向市场,是Shokay最具创意的地方。社会企业的发展不应该滞后于市场,而应该具有前瞻性和敏锐的市场嗅觉。现实世界中没有被充分开发的领域,对社会企业而言都是一片广阔的蓝海,都存在开发利用的机会。当然,这些领域往往也有与之伴随的独特社会问题。社会企业家应该将社会问题与商业机会进行有效结合,在开发商业蓝海的同时,创造社会价值。

2.品牌定位

乔琬珊将Shokay定位为一个"可持续的时尚品牌",在激发时尚界新灵感的同时,促进社会创新,实现慈善使命,也即奢华与慈善的交织。

(1)时尚奢侈

Shokay的牦牛绒产品不同于一般的社会企业产品,它更加强调品质。Shokay在设计和销售各个环节都为其产品注入了时尚奢侈品的概念和元素。为了给牦牛绒寻找更时尚的出路,Shokay聘请了许多时尚设计师,他们使Shokay多款产品频频登上时尚刊物。而Shokay将其牦牛绒产品定位为奢侈品,是因为牦牛绒的生产成本较高,因此很难将价位降到能够迎合普通消费者的程度。

(2)环保持续

Shokay将可持续性理念融入产品,保持经济、社会与环境的和谐发展。销售中,Shokay也将主要购买人群定义为"环保市民",即"那些20~30岁,处于中高收入阶层的年轻人,他们通常受过良好的教育和文化熏陶,具有全球化背景。他们关心环境保护与可持续性发展,具有良好的环保理念,在乎价值跟质量,注重产品的原料和加工工艺"。

第11章
社会企业的大展宏图与小步迭代

3.业务模式

Shokay的业务模式较为综合,覆盖了从原料采购、产品加工到成品销售的垂直产业链,并争取在每一个环节上都对社会有益。它以社会企业的形式在藏区结合合作社,直接在原料地向牧民收购牦牛绒,然后通过上海的妇女合作社进行加工,销售后将盈利用于回报当地社区,带动了整个牦牛绒产业链的发展。

(1)采购

通过收购牦牛绒,Shokay使藏族群众的收入提高了15%~20%。在使他们获得长期、稳定生活来源的同时,保障牧民原有的生活方式不被破坏。

(2)加工

通过牦牛绒产品的加工,Shokay为青海和崇明的妇女提供了工作机会,并且提高了她们的收入,培养了她们的社区归属感。

(3)回馈

Shokay承诺将零售收入的1%反馈给藏族群众,用于当地社区建设。比如,为藏族群众提供健康培训和义诊服务。

案例11.2

鹤童

天津鹤童养老院(以下简称"鹤童")是由民间发起、民间投资、民间运作的养老机构,成立于1995年。现在,鹤童已经成为一家具有非营利理念、多元化发展、专业化管理的为老服务社会公益组织,集院舍护理、居家照料、医疗卫生、老年餐饮、老年活动、社会募集、志愿者行动、养老咨询、职业教育、物业管理和老年用品销售于一体。鹤童老年福利协会、鹤童民办非企业系列单位、鹤童老年公益基金会三位一体,共同打造着中国民间组织为老社会服务的鹤童品牌。

作为天津市最早建立的民营养老院,鹤童在管理和发展上都处在时代前列。是什么让鹤童在竞争激烈的养老市场中保持长盛不衰？究其原因，鹤童既可以像营利机构一样有效率的运营，又可以避免营利机构的唯利是图；既可以像非营利机构一样追求社会目标，又可以避免非营利机构效率低下的问题。也就是说，鹤童兼具营利组织与非营利组织的优点，同时又避免了两者的缺点。

1. 准确定位

民办养老院在发展过程中必须做好定位。如养老院应该收什么样的老人？养老院应该建在哪里？养老院应该办成什么样？鹤童经过充分细致的市场调查后发现，大部分有自理能力的老人更愿意居家养老，只有5%左右的失能、失智老人，由于家庭没有能力照护，在社区也无法获得照护，因而选择去养老院。鹤童考虑到这部分老年人的需求和价格承受能力，通过仔细核算单床成本，确定了以成本定价的基本原则，从而把社会效益摆在了首位。

2. 专业化管理

现代社会的养老质量保证在于专业化，专业人才是保障的基础，鹤童在创立之初就吸引了一批医院高级护理专家介入管理，后又引进德国老人院管理模式，包括工作流程和工艺流程。对于老人，鹤童推行老人整体护理新模式，建立了一套行之有效的流程化、程序化、个案化的标准化管理制度，使老人从入住到离开都能得到跟踪。对于员工，鹤童推出员工职业生涯管理，实行终身服务、终身培训制度，每个岗位都进行固定的递进式培训工作。

3. 拓展社会捐赠

作为非营利机构的鹤童，之所以能够维持低成本运作，是由于非营利机构蕴含着一种不同于企业的非市场化资源配置机制。它体现在政府支持和社会援助上。不过，鹤童从自身的发展中懂得，这种非市场化的资源配置并非固有的，它必须经历不断培育的互动过程。鹤童对于其收到的社会捐赠都予以答谢并张榜公示,志愿劳动也折成劳动小时予以表彰。此外,鹤童建立了公开透明的捐赠管理制度。

附 录[1]

(一)社会企业的近似概念

社会企业　social enterprise（business）

社会创业　social entrepreneurship

社会事业　social venture

社会创新　social innovation

社会创业家　social entrepreneur

非营利组织　nonprofit

非政府组织　non-governmental organization

第三部门　the third party

混合型组织　hybrid organization

慈善　philanthropy

慈善组织　charitable organization（social charity）

志愿者　volunteer

---

[1]附录的内容可以通过mqok@163.com向作者索取。

(二)社会企业教学与研究机构

- 教研机构：耶鲁大学管理学院

School of Management, Yale University

教学项目：社会企业(program of social enterprise)

- 教研机构：加州伯克利大学商学院非营利与公共领导力中心

The Center for Nonprofit and Public Leadership, University of California-Berkeley(Haas School of Business)

教学项目：社会部门解决方案(social sector solutions program)

- 教研机构：斯坦福商学院社会创新中心

Center for Social Innovation, Stanford Graduate School of Business

教学项目：公共管理与社会创新(public management and social innovation program)

- 教研机构：西北大学凯洛格管理学院以及福特汽车公司全球公民中心

Kellogg School of Management, Northwestern University, Ford Motor Company Center for Global Citizenship

教学项目：社会企业(social enterprise program)

- 教学机构：哈佛商学院

Harvard Business School

教学项目：社会企业行动(social enterprise initiative)

- 教学机构：密西根大学非营利与公共管理中心，公共工作学院、社会工作学院和商学院联办

Nonprofit and Public Management Center, Gerald R. Ford School of Public Policy/School of Social Work/Stephen M. Ross School of Business, University of Michigan

教学项目：非营利管理与领导力(nonprofit management and leadership)

- 教学机构:杜克大学商学院社会创业促进中心

Center for the Advancement of Social Entrepreneurship(CASE),Fuqua School of Business,Duke University

教学项目:社会创业(the social entrepreneurship concentration)

- 教学机构:宾夕法尼亚大学沃顿商学院

University of Pennsylvania's Wharton School

教学项目:非营利管理领导力(nonprofit board leadership program)

- 教学机构:哥伦比亚大学商学院

School of Business,Columbia University

教学项目:社会企业(the social enterprise program)

- 教学机构:牛津大学赛德商学院斯科尔社会创业中心

Skoll Centre for Social Entrepreneurship,Saïd Business School,Oxford University

教学项目:社会创业选修(social entrepreneurship electives)

- 教学机构:欧洲工商管理学院社会创新中心

Social Innovation Centre,INSEAD

教学项目:社会影响力推动家(the INSEAD social impact catalyst)

- 中国社会企业相关领域的学术机构(按拼音音序排列)

北京师范大学中国公益研究院

清华大学公益慈善研究院

上海财经大学中国社会创业研究中心

上海交通大学中国公益发展研究院

浙江大学社会治理研究院

中国人民大学中国公益创新研究院

中国人民大学非营利组织研究所

中山大学公民与社会发展研究中心

(三) 社会企业期刊

- 创业类刊物

International Small Business Journal

Journal of Business Venturing

Entrepreneurship Theory and Practice

- 商业伦理类

Journal of Business Ethics

Corporate Social Responsibility and Environmental Management

Business Ethics Quarterly

- 非营利组织类刊物

Nonprofit and Voluntary Sector Quarterly

Nonprofit Management and Leadership

VOLUNTAS: International Journal of Voluntary and Nonprofit Organizations

- 社会创业创新类

Journal of Social Entrepreneurship

Social Enterprise Journal

Stanford Social Innovation Review

- 中国的刊物（按拼音音序排列）

《社团管理研究》

《社会工作》

《社会与公益》

《社会企业蓝皮书》

《中国第三部门观察报告》

《中国第三部门研究》

《中国发展简报》

《中国非营利评论》

《中国社会组织》

(四)社会企业重要学术文献

- 社会企业的理论框架

1. Alvord S H, Brown L D & Letts C W. Social entrepreneurship and societal transformation an exploratory study[J]. The Journal of Applied Behavioral Science, 2004, 40(3):260-282.

2. Bornstein D. Changing the world on a shoestring[J]. Atlantic Monthly, 1998, 281(1): 34-39.

3. Certo S T & Miller T. Social entrepreneurship[J]. Key issues and concepts. Business Horizons, 2008, 51(4): 267-271.

4. Dees J G. The meaning of social entrepreneurship[R]. Stanford University: Report for the Kauffman Center for Entrepreneurial Leadership. 2001.

5. Martin R L & Osberg S. Social entrepreneurship: The case for definition[J]. Stanford Social Innovation Review, 2007, 5(2): 28-39.

6. Nicholls A & Cho A H. Social entrepreneurship: The structuration of a field[J]. Social Entrepreneurship: New Models of Sustainable Social Change, 2006:99-118.

7. Peredo A M & McLean M. Social entrepreneurship: A critical review of the concept[J]. Journal of World Business, 2006, 41(1): 56-65.

8. Roberts D & Woods C. Changing the world on a shoestring: The concept of social entrepreneurship[J]. University of Auckland Business Review, 2005, 7(1): 45-51.

9. Sullivan Mort G, Weerawardena J & Carnegie K. Social

entrepreneurship: Towards conceptualisation[J]. International Journal of Nonprofit and Voluntary Sector Marketing, 2003,8(1):76-88.

10. Weerawardena J & Mort G S. Investigating social entrepreneurship: a multidimensional model[J]. Journal of World Business, 2006, 41(1): 21-35.

11. Zahra S A, Gedajlovic E, Neubaum D O & Shulman J M. A typology of social entrepreneurs: Motives, search processes and ethical challenges[J]. Journal of Business Venturing, 2009,24(5), 519-532.

- 社会企业的机会

1. Chell E. Social enterprise and entrepreneurship towards a convergent theory of the entrepreneurial process[J]. International Small Business Journal, 2007,25(1):5-26.

2. Dorado S. Social entrepreneurial ventures: Different values so different process of creation, no? [J]. Journal of Developmental entrepreneurship, 2006, 11(04):319-343.

3. Hockerts K. Entrepreneurial opportunity in social purpose business ventures[J]. Social Entrepreneurship, 2006(1):142-154.

4. Murphy P J & Coombes S M. A model of social entrepreneurial discovery[J]. Journal of Business Ethics, 2009,87(3): 325-336.

5. Smith B R, et al. Social enterprises and the timing of conception: Organizational identity tension, management, and marketing[J]. Journal of Nonprofit & Public Sector Marketing, 2010,22(2): 108-134.

6. Yunus M, Moingeon B & Lehmann-Ortega L. Building social business models: Lessons from the Grameen experience[J]. Long Range Planning,2010,43(2): 308-325.

- 社会企业的治理与资源

1. Elkington J. Governance for sustainability[J]. Corporate Governance: An International Review, 2006,14(6):522-529.

2. Ridley-Duff R. Communitarian perspectives on social enterprise[J].

Corporate Governance: An International Review, 2007, 15(2): 382-392.

3. Simms S V & Robinson J. Activist or entrepreneur? An identity-based model of social entrepreneurship[J]. International Perspectives on Social Entrepreneurship, 2009: 9-26.

4. Stryjan Y. The Practice of Social Entrepreneurship: Notes toward A Resource-perspective in Entreprenurship as Social Change [M]. Cheltenham, UK: Edward Elgar, 2006: 35-56.

- 非营利组织的社会创业

1. Aguilera R V, Rupp D E, Williams C A & Ganapathi J. Putting the S back in corporate social responsibility: A multilevel theory of social change in organizations[J]. Academy of Management Review, 2007, 32 (3): 836-863.

2. Boschee J. Eight basic principles for nonprofit entrepreneurs[J]. Nonprofit World, 2001, 19(4): 15-18.

3. Cooney K. The institutional and technical structuring of nonprofit ventures: Case study of a US hybrid organization caught between two fields[J]. Voluntas: International Journal of Voluntary and Nonprofit Organizations, 2006, 17(2):137-155.

4. Dempsey S E & Sanders M L. Meaningful work? Nonprofit marketization and work/life imbalance in popular autobiographies of social entrepreneurship[J]. Organization, 2010, 17(4): 437-459.

5. McDonald R E. An investigation of innovation in nonprofit organizations: The role of organizational mission[J]. Nonprofit and Voluntary Sector Quarterly, 2007, 36(2): 256-281.

6. Muñoz S A & Tinsley S. Selling to the public sector[J]. Journal of Corporate Citizenship, 2008(32).

7. Ruvio A, Rosenblatt Z & Hertz-Lazarowitz R. Entrepreneurial leadership vision in nonprofit vs. for-profit organizations[J]. The Leadership

Quarterly, 2010,21(1): 144-158.

- 社会企业的商业模式与组织结构

1. Di Domenico M, Tracey P & Haugh H. The dialectic of social exchange: Theorizing corporate-social enterprise collaboration[J]. Organization Studies, 2009,30(8): 887-907.

2. Elkington J & Hartigan P. The Power of Unreasonable People: How Social Entrepreneurs Create Markets That Change the World[M]. Boston: Harvard Business Press,2013.

3. Evers A. The significance of social capital in the multiple goal and resource structure of social enterprises[J]. The Emergence of Social Enterprise, 2001(3): 296.

4. Rosenau P V & Linder S H. Two decades of research comparing for-profit and nonprofit health provider performance in the United States[J]. Social Science Quarterly, 2003,84(2):219-241.

5. Seelos C & Mair J. Social entrepreneurship: Creating new business models to serve the poor[J]. Business Horizons, 2005,48(3): 241-246.

6. Selsky J W & Parker B. Cross-sector partnerships to address social issues: Challenges to theory and practice[J]. Journal of Management, 2005,31(6): 849-873.

- 社会企业与社会影响力

1. Behn R D. Why measure performance? Different purposes require different measures[J]. Public Administration Review, 2003,63(5):586-606.

2. Bloom P N & Chatterji A K. Scaling social entrepreneurial impact[J]. California Management Review, 2009,51(3): 114-133.

3. Dees J G, Anderson B B & Wei-Skillern J. Scaling social impact[J]. Stanford Social Innovation Review, 2004,1(4): 24-33.

4. Emerson J. The Blended Value Proposition: Integrating Social and Financial Returns[J]. California Management Review,2003,45(4):35-51.

5. Jacobs A. Helping people is difficult: Growth and performance in social enterprises working for international relief and development[J]. Social Entrepreneurship: New Paradigms of Sustainable Social Change, 2006: 247-270.

6. Kanter R M & Summers D V. Doing Well While Doing Good: Dilemmas of Performance Measurement in Nonprofit Organizations and the Need for A Multiple-constituency Approach[M]. Londres: Sage Publication, 1994:220-236.

7. Nicholls A. "We do good things, don't we?": "Blended value accounting" in 'social entrepreneurship[J]. Accounting, Organizations and Society, 2009,34(6):755-769.

8. Nicholls A. The Functions of Performance Measurement in Social Entrepreneurship: Control, Planning and Accountability[M]//Hockerts K, Robinson J & Johanna Mair (eds.). Values and Opportunities in Social Entrepreneurship. New York: Palgrave macmillan, 2010:241-272.

- 社会企业的生存环境

1. Bacq S & Janssen F. The multiple faces of social entrepreneurship: A review of definitional issues based on geographical and thematic criteria[J]. Entrepreneurship & Regional Development, 2011,23(5-6): 373-403.

2. Catford J. Social entrepreneurs are vital for health promotion—But they need supportive environments too[J]. Health Promotion International, 1998,13(2): 95-97.

3. Kerlin J A. Social enterprise in the United States and Europe: Understanding and learning from the differences[J]. Voluntas: International Journal of Voluntary and Nonprofit Organizations, 2006,17(3):246-262.

4. Mair J & Marti I. Entrepreneurship in and around institutional voids: A case study from Bangladesh[J]. Journal of Business Venturing, 2009, 24 (5): 419-435.

- 社会企业与社区发展

1. Dana L P. Community-based entrepreneurship in Norway[J]. The International Journal of Entrepreneurship and Innovation, 2008, 9(2): 77-92.

2. Johnstone H & Lionais D. Depleted communities and community business entrepreneurship: Revaluing space through place[J]. Entrepreneurship & Regional Development, 2004, 16(3): 217-233.

3. Maurer C C, Bansal P & Crossan M M. Creating economic value through social values: Introducing a culturally informed resource-based view [J]. Organization Science, 2011, 22(2): 432-448.

4. Wallace S L. Social entrepreneurship: The role of social purpose enterprises in facilitating community economic development[J]. Journal of Developmental Entrepreneurship, 1999, 4(2): 153-174.

- 社会企业可持续发展

1. Cohen B & Winn M I. Market imperfections, opportunity and sustainable entrepreneurship[J]. Journal of Business Venturing, 2007, 22(1): 29-49.

2. Dean T J & McMullen J S. Toward a theory of sustainable entrepreneurship: Reducing environmental degradation through entrepreneurial action [J]. Journal of Business Venturing, 2007, 22(1): 50-76.

3. Hall J K, Daneke G A & Lenox M J. Sustainable development and entrepreneurship: Past contributions and future directions[J]. Journal of Business Venturing, 2010: 25(5): 439-448.

4. Hockerts K & Wüstenhagen R. Greening Goliaths versus emerging Davids-Theorizing about the role of incumbents and new entrants in sustainable entrepreneurship[J]. Journal of Business Venturing, 2010, 25(5): 481-492.

5. Tilley F & Young W. Sustainability Entrepreneurs—Could they be the True Wealth Generators of the Future? [J] Greener Management

International, 2009(55): 79-92.

- 社会企业融资与基金会

1. Brau J C & Woller G M. Microfinance: A comprehensive review of the existing literature[J]. Journal of Entrepreneurial Finance, JEF, 2004, 9(1): 1-27.

2. Harjula L. Tensions between venture capitalists' and business-social entrepreneurs' goals[J]. Greener Management International, 2005 (51): 78-87.

3. Hermes N & Lensink R. The empirics of microfinance: What do we know? [J]. The Economic Journal, 2007,117(517): F1-F10.

4. Hulme D. Impact assessment methodologies for microfinance: Theory, experience and better practice[J]. World Development, 2000, 28(1): 79-98.

5. Rubin J S. Developmental venture capital: Conceptualizing the field [J]. Venture Capital, 2009,11(4):335-360.

- 社会企业教育

1. Mars M M & Garrison S. Socially-oriented ventures and traditional entrepreneurship education models: A case review[J]. Journal of Education for Business, 2009,84(5): 290-296.

2. Schlee R P, Curren M T & Harich K R. Building a marketing curriculum to support courses in social entrepreneurship and social venture competitions[J]. Journal of Marketing Education,2008.

3. Tracey P & Phillips N. The distinctive challenge of educating social entrepreneurs: A postscript and rejoinder to the special issue on entrepreneurship education[J]. Academy of Management Learning & Education, 2007, 6 (2): 264-271.

- 社会企业的未来

1. Battle Anderson B & Dees J G. Rhetoric, Reality, and Research: Building a Solid Foundation for the Practice of Social Entrepreneurship[M]// Martin R L, Osberg S. Social Entrepreneurship: New Models of Sustainable Social Change. Oxford: Oxford University Press, 2006:144-168.

2. Dacin P A, Dacin M T & Matear M. Social entrepreneurship: Why we don't need a new theory and how we move forward from here[J]. The Academy of Management Perspectives, 2010,24(3): 37-57.

3. Mair J & Marti I. Social entrepreneurship research: A source of explanation, prediction, and delight[J]. Journal of World Business, 2006,41(1):36-44.

4. Moss T W, Lumpkin G T & Short J C. Social entrepreneurship: A historical review and research agenda[J]. Historical Foundations of Entrepreneurial Research, 2010:318.

5. Peredo A M & Chrisman J J. Toward a theory of community-based enterprise[J]. Academy of Management Review, 2006,31(2): 309-328.

- 有关社会企业的综述

1. Choi N & Majumdar S. Social entrepreneurship as an essentially contested concept: Opening a new avenue for systematic future research[J]. Journal of Business Venturing, 2014,29(3):363-376.

2. Dacin M T, Dacin P A & Tracey P. Social entrepreneurship: A critique and future directions[J]. Organization Science, 2011, 22(5): 1203-1213.

3. Doherty B, Haugh H & Lyon F. Social enterprises as hybrid organizations: A review and research agenda[J]. International Journal of Management Reviews,2014.

4. Grimes M G, McMullen J S, Vogus T J & Miller T L. Studying the origins of social entrepreneurship: Compassion and the role of embedded

agency[J]. Academy of Management Review, 2013, 38(3): 460-463.

5. Short J C, Moss T W & Lumpkin G T. Research in social entrepreneurship: Past contributions and future opportunities[J]. Strategic Entrepreneurship Journal, 2009,3(2):161-194.

6. Smith W K, Gonin M & Besharov M L. Managing social-business tensions[J]. Business Ethics Quarterly, 2013,23(3): 407-442.

参考文献

[1] Aaker D A. Building Strong Brands [M]. New York: The Free Press 1996:35-71.

[2] Alter K. Social Enterprise Typology [M]. Washington DC: Virtue Ventures LLC, 2004.

[3] Alter S K. Manage the Double Bottom Line—A Business Planning Reference Guide for Social Enterprises [M]. Washington Pact Publication, 2000.

[4] Alvord S H, Brown L D & Letts C W. Social entrepreneurship and societal transformation: An exploratory study[J]. Journal of Applied Behavior Analysis, 2004, 40(3):260-282.

[5] Andreasen A R. Marketing social marketing in the social change marketplace[J]. Journal of Public Policy & Marketing, 2002, 21(1): 3.

[6] Austin J E, Reficco E. Corporate Social Entrepreneurship: A New Vision for CSR[M]// Epstein M J, Hansen K O (eds.). The Accountable Corporation. New York: Praeger Publishing, 2005(3):237-247.

[7] Bagnoli L & Megali C. Measuring performance in social enterprises[J]. Nonprofit and Voluntary Sector Quarterly, 2011, 40(1):149-165.

[8] Bargh J A & T L Chartrand. The unbearable automaticity of being[J]. American Psychologist, 1999, 54(7):462-479.

[9] Battilana J & Dorado S. Building sustainable hybrid organizations: The case of commercial microfinance organizations[J]. Academy of Management Journal, 2010, 53(6):1419-1440.

[10] Bernauer T & Caduff L. In whose interest? Pressure group politics, economic competition and environmental regulation[J]. Journal of Public Policy, 2004, 24(1): 99-126.

[11] Berglund K & Schwartz B. Holding on to the Anomaly of social entrepreneurship dilemmas in starting up and running a fair-trade enterprise[J]. Journal of Social Entrepreneurship, 2013,4(3): 237-255.

[12] Behn. Why measure performance? Different purposes require different measures[J]. Public Administration Review, 2003, 63(5):586-606.

[13] Bourdieu P. The Field of Cultural Production: Essays on Art and Literature[M]. New York: Columbia University Press, 1993.

[14] Bornstein D. How to Change the World: Social Entrepreneurs and the Power of New Ideas[M]. Oxford: Oxford University Press, 2004.

[15] Bull M. "Balance": The development of a social enterprise business performance analysis tool[J]. Social Enterprise Journal, 2007, 3 (1): 49-66.

[16] Callison J W & Vestal A W. L3C illusion: Why Low-profit limited liability companies will not stimulate socially optimal private foundation investment in entrepreneurial ventures[J]. Vt. L. Rev., 2010(35):273.

[17] Chell E, Nicolopoulou K & Karata-Özkan M. Social entrepreneurship and enterprise: International and innovation perspectives[J]. Entrepreneurship & Regional Development: An International Journal, 2010, 22(6): 485-493.

[18] Clifford A & Dixon S E. Green-works: A model for combining social and ecological entrepreneurship[J]. Social Entrepreneurship, 2006: 214-234.

[19] Conway C. Business planning training for social enterprise[J]. Social Enterprise Journal, 2008, 4(1):57-73.

[20] Cooney K. Mission control: Examining the institutionalization of new legal forms of social enterprise in different strategic action fields[J]. Social Enterprises: An Organizational Perspective, 2012:198-221.

[21] Dacin P A, Dacin M & Matear M. Do we need a theory of social entrepreneurship? [J]. Academy of Management Perspectives, 2010, 24(3):37-57.

[22] Dart R. The legitimacy of social enterprise[J]. Nonprofit Management Leadership, 2014, 14(4):411-424.

[23] Deakins D, Morrison A & Galloway L. Evolution, financial management and learning in the small firm[J]. Journal of Small Business and Enterprise Development, 2002,9(1):7-16.

[24] De Carolis D M & Saparito P. Social capital, cognition, and entrepreneurial opportunities: A theoretical framework[J]. Entrepreneurship Theory Practice, 2006, 30(1): 41-56.

[25] Dees J G. Enterprising nonprofits[J]. Harvard Business Review, 1998: 55-67.

[26] Dees J G. The Meaning of "Social entrepreneurship" [J]. Working paper, Duke University, Durham, NC, 2001.

[27] Defourny J & Nyssens M. Conceptions of social enterprise and social entrepreneurship in europe and the United States: Convergences and divergences[J]. Journal of Social Entrepreneurship,2010, 1(1):32-53.

[28] Dey P. The Rhetoric of Social Entrepreneurship: Paralogy and New Language Games in Academic Discourse[M]// Ratten V. Entrepreneurship As Social Change: A Third Movements of Entrepreneurship. Cheltenham, UK: Edward Elgar, 2006:121-144.

[29] Drucker P. Innovation and Entrepreneurship[M]. New York: Harper and Row,1985.

[30] Drucker P. Management: Tasks, Responsibilities and Practices[M]. Woburn, MA: Heinemann, 1995:65.

[31] Durieux M B & Stebbins R A. Social Entrepreneurship for Dummies [M]. New Jersey: Wiley Publishing, Inc., 2010.

[32] Emerson J, Wachowicz J & Chun S. Social return on investment: Exploring aspects of value creation in the nonprofit sector[J]. REDF Box, Set 2, 2000.

[33] Figge, et al. The Sustainability Balanced Scorecard-linking sustainability management to business strategy[J]. Business Strategy and the Environment, 2002,11(5): 269-284.

[34] Fill C. Marketing Communications: Interactivities, Communities and Content[M]. England: Financial Team, 2009.

[35] Fiske S T & Taylor S E. Social Cognition[M]. New York: McGraw-Hill, 1991.

[36] Friedman A L & Miles S. Socially responsible investment and corporate social and environmental reporting in the UK: An exploratory study[J]. British Accounting Review, 2001, 33(4):523-548.

[37] Gaglio C M. The role of mental simulations and counterfactual thinking in the opportunity identification process[J]. Entrepreneurship Theory Practice, 2004,28(6):533-552.

[38] Gilbert D T. Attribution and Interpersonal Perception. Advanced Social Psychology[M]. New York: McGraw-Hill, 1995:99-126.

[39] Goffin K & Martin R. Innovation Management: Strategy and Implementation Using the Pentathlon Framework[M]. Basingstoke, UK:

Palgrave Macmillan, 2005:9.

[40] Greve A & Salaff J W. Social networks and entrepreneurship[J]. Entrepreneurship Theory Practice, 2003, 28(1):1-22.

[41] Griffiths M, et al. Innovation ecology as a precursor to entrepreneurial growth: A cross-country empirical investigation[J]. Journal of Small Business and Enterprise Development, 2009,16 (3):75-390.

[42] Gupta A. L3Cs and B Corps: New corporate forms fertilizing the field between traditional for-profit and nonprofit corporations[J]. NYU Journal of Law & Business, 2011(8):203.

[43] Hall P D. A Historical Overview of The Private Nonprofit Sector[M]// Powell W W. The Nonprofit Sector: A Research Handbook. New Haven: Yale University Press, 1987:3-26.

[44] Hanrahan J. Taking it to the street; created to employ homeless finds itself up against well-financed newcomer[N]. L.A. Newspaper, Aprilt, 1998.

[45] Hemingway C A. Personal values as a catalyst for corporate social entrepreneurship[J]. Journal of Business Ethics, 2005,60(3):233-249.

[46] Herranz J, Council L R & McKay B. Tri-value organization as a form of social enterprise: The case of seattle's fareStart[J]. Nonprofit and Voluntary Sector Quarterly, 2011,40(5):829-849.

[47] Hockerts K, Mair J & Robinson J. Values and Opportunities in Social Entrepreneurship[M]. London: Palgrave Macmillan. 2010.

[48] Kahneman D, Slovic P & Tversky A. Judgment under Uncertainty: Heuristics and Biases[M]. New York: Cambridge University Press, 1982.

[49] Kapferer J N. The New Strategic Brand Management[M]. London:

Kogan, 2005.

[50] Kaplan R S & Norton D P. The Balanced Scorecard: Translating Strategy into Action[M]. Boston: Harvard Business School Press, 1996.

[51] Kaplan R S. Strategic Performance measurement and management in nonprofit organizations[J]. Nonprofit and Management Leadership, 2001, 11(3):353-370.

[52] Keller K L. Strategic Brand Management: Building, Measuring, and Managing Brand Equity[M]. 2nd ed. New Jersey: Pearson Education, 2003.

[53] Keller K L. Building strong brands in a modern marketing communications Environment[J]. Journal of Marketing Communications. 2009,15(2-3,4-7): 139-155.

[54] Kelley T. Law and choice of entity on the social enterprise frontier[J]. Tulsa Law Review, 2009(84):337.

[55] Kerlin J. Social enterprise in the United States and Europe: Understanding and learning from the differences[J]. Voluntas, 2006, 17(3): 247-263.

[56] Kirzner I M. Creativity and/or alertness: A reconsideration of the schumpeterian entrepreneur[J]. Review of Austrian Economist, 1999, 11(1-2): 5-17.

[57] Kistruck G M & Beamish P W. The interplay of form, structure, and embeddedness in social intrapreneurship[J]. Entrepreneurship Theory Practice,2010, 34(4): 735-761.

[58] Kunda G. Engineering Culture: Control and Commitment in A High-tech Corporation[M]. Philadelphia: Temple University Press, 2006.

[59] Leadbeater C. Social enterprise and social innovation: Strategies for the

next ten years[R]. Cabinet Office, Office for the Third Sector, 2007.

[60] Light P C. Reshaping social entrepreneurship[J]. Stanford Social Innovation Review, 2006: 47-51.

[61] Light P C. The Search for Social Entrepreneurship[M]. Washington, DC: Brookings Institution Press, 2008.

[62] Light P C. Social entrepreneurship revisited: Not just anyone, anywhere, in any organization can make breakthrough change[J]. Stanford Social Innovation Review, 2009:21-22.

[63] Luke B & Chu V. Social enterprise versus social entrepreneurship: An examination of the "why" and "how" in pursuing social change[J]. International Small Business Journal, 2013, 31(7):764-784.

[64] MacFadyen, et al. A synopsis of social marketing (University of Stirling, Institute of Social Marketing)[EB/OL]. [2024-01-20]. http://www.ism.stir.ac.uk/pdf_docs/social_marketing.pdf, 1999.

[65] Maclean M, Harvey C & Gordon J. Social innovation, social entrepreneurship and the practice of contemporary entrepreneurial philanthropy[J]. International Small Business Journal, 2012, 31 (7): 747-763.

[66] Maguire S, Hardy C & Lawrence T B. Institutional entrepreneurship in emerging fields: HIV/AIDS treatment advocacy in Canada[J]. Academy of Management Journal, 2004, 47(5): 657-679.

[67] Mair J & Marti I. Social entrepreneurship research: A source of explanation, prediction, and delight[J]. Journal of World Business, 2006, 41(1): 36-44.

[68] Mair J & Marti I. Entrepreneurship in and around institutional voids: A case study from Bangladesh[J]. Journal of Business Venturing, 2009, 24 (5): 419-435.

[69] Mair J & Noboa E. The emergence of social enterprises and their place in the new organizational landscape[J]. Working Paper 523, IESE Business School, University of Navarra, Barcelona, 2003.

[70] Mair J. Social Entrepreneurship: Taking Stock and Looking Ahead [M]//Fayolle A. Handbook of Research on Social Entrepreneurship. London: Edward Elgar Publishing Ltd., 2010:15.

[71] Marshall R J & Letrone L. Postioning social marketing[J]. Social Marketing Quarterly, 2004,10(3): 17-22.

[72] Martens M L, Jennings J E & Jennings P D. Do the stories they tell get them the money they need? The role of entrepreneurial narratives in resource acquisition[J]. Academy of Management Journal, 2007,50(5): 1107-1132.

[73] Martin F & Thompson M. Social Enterprise: Developing Sustainable Business[M]. London:Palgrave Macmillan, 2010.

[74] Martin R L & Osberg S. Social entrepreneurship: The case for definition [J]. Stanford Social Innovation Review, 2007:29-39.

[75] Mischel W. Toward an integrative science of the person[J]. Annual Review of Psychologist, 2004(55): 1-22.

[76] Mitchell R K, et al. Entrepreneurial cognition theory: Rethinking the people side of entrepreneurship research[J]. Entrepreneurship Theory Practice, 2002,27(2):93-104.

[77] Mitchell R K, et al. The central question in entrepreneurial cognition research[J]. Entrepreneurship Theory Practice, 2007, 31(1):1-27.

[78] Morrison A, Deakins D & Galloway L. Financial management in the SME: Using the balanced scorecard to develop a learning pathway[J]. PBS Working Paper, University of Paisley, 2002.

[79] Mort G S, Weerawardena J & Carnegie K. Social entrepreneurship: Towards conceptualization[J]. Journal of Nonprofit Voluntary Sector, 2003, 8(1): 76-88.

[80] Murray J. Choose your own master: Social enterprise, certifications and benefit corporation statutes[J]. American University Business Law Review, 2012(1).

[81] Murray J. Purpose with profit: Governance, enforcement, capital-raising and capital-locking in low-profit limited liability companies[J]. University of Miami Literature Review, 2011, 66(1).

[82] Nicholls A & Cho A H. Social Entrepreneurship: New Models of Sustainable Social Change[M]. Oxford: Oxford University Press, 2006: 99-118.

[83] Nicholls A. Social Entrepreneurship: New Models of Sustainable Social Change[M]. Oxford: Oxford University Press, 2008.

[84] Nicholls A & Opal C. Fair Trade: Market-driven Ethical Consumption [M]. Thousand Oaks, California: SAGE Publications Ltd., 2005.

[85] Oh H, Labianca G & Chung M H. A multilevel model of group social capital[J]. Academy of Management Review, 2006, 31(3):569-582.

[86] Owen D L, Swift T & Hunt K. Questioning the role of stakeholder engagement in social and ethical accounting, auditing and reporting[J]. Accounting Forum, 2003, 25(3): 264-282.

[87] Owen D L, et al. The new social audits: Accountability, managerial capture or the agenda of social champions? [J]. Europe Accounting Review, 2000, 9(1): 81-98.

[88] Parkinson C & Howorth C. The language of social entrepreneurs[J]. Entrepreneurship Regional Development, 2008, 20(3): 285-309.

[89] Peredo A M & McLean M. Social entrepreneurship: A critical review of the concept[J]. Journal of World Business, 2006, 41(1):56-65.

[90] Perrini F & Vurro C. Social Entrepreneurship: Innovation and Social Change Across Theory and Practice[M]. London: Palgrave Macmillan, 2006:57-86.

[91] Piercy N. Market-led strategic change[J]. Reed, Elsevier NV, 2005:9.

[92] Potter J. Consumerism in the public sector[J]. Public Administration, 1988, 66(2):149-164.

[93] Raz K G. Toward an improved legal form for social enterprise[J]. NYU Review Law & Social Change, 2012(36):283.

[94] Reiser D B. Benefit corporations—A sustainable form of organization [J]. Wake Forest Literature Review, 2011(46):591.

[95] Roberts D & Woods C. Changing the world on a shoestring: The concept of social entrepreneurship[J]. University Auckland Business Review, 2005: 45-51.

[96] Roese N J & Olson J M. What Might Have Been: The Social Psychology of Counterfactual Thinking[M]. Mahwah, NJ: Lawrence Erlbaum Associates, 1995:1-55.

[97] Rosenthal R & Jacobson L. Pygmalion in the Classroom[M]. New York: Irvington, 1992.

[98] Rubin J S. Community development venture capital: A double-bottom line approach to poverty alleviation[J]. System, 2001(121):154.

[99] Sarasvathy S D. Causation and effectuation: Toward a theoretical shift from economic inevitability to entrepreneurial contingency[J]. Academy of Management Review, 2001, 26(2):243-288.

[100] Sarasvathy S D. Making it happen: Beyond theories of the firm to theories of firm design[J]. Entrepreneurship Theory Practice, 2004, 28

(6):519-531.

[101] Savitz A W & Weber K. The Triple Bottom Line[M]. San Francisco: Jossey-Boss, 2006.

[102] Schumpeter J A. The Theory of Economic Development[M]. Boston: Harvard University Press, 1934.

[103] Seelos C & Mair J. Social entrepreneurship: Creating new business models to serve the poor[J]. Business Horizons, 2005, 48(3): 241-246.

[104] Sharir M & Lerner M. Gauging the success of social ventures initiated by individual social entrepreneurs[J]. Journal of World Business, 2006, 41(1): 6-20.

[105] Shaw E. Marketing in the social enterprise context: Is it entrepreneurial? [J]. Qualitative Market Research: An International Journal, 2004 (3): 194-205.

[106] Shaw E & Carter S. Social entrepreneurship: Theoretical antecedents and empirical analysis of entrepreneurial processes and outcomes[J]. Journal of Small Business Enterprise Development, 2007, 14 (3): 418-434.

[107] Short J C, Moss T W & Lumpkin G T. Research in social entrepreneurship: Past contributions and future opportunities[J]. Strategic Entrepreneurship Journal, 2009, 3(2):161-194.

[108] Social Enterprise Alliance. Succeeding at Social Enterprise: Hard-won Lessons for Nonprofits and Social Entrepreneurs[M]. Jossey-Bass: A Wiley Imprint, 2010.

[109] Spear R. Social entrepreneurship: A different model? [J]. Journal of Social Economy, 2006, 33(5-6): 399-410.

[110] Sud M, VanSandt C V & Baugous A M. Social entrepreneurship:

The role of institutions[J]. Journal of Business Ethics, 2008, 85 (Supplement 1):201-216.

[111] Thomson J & Martin F. Strategic Management: Awareness and Change[M]. 5th ed. New York: Thomson Learning, 2005: 232.

[112] Tulchin D. Microfinance the double bottom line: Measuring social return for the microfinance industry microcredit with education programs [R]. Social Enterprise Associates, 2003.

[113] Vries M F R Kets De. The Entrepreneurial Personality: A Person at the crossroads[J]. Journal of Management Studies, 1977, 14(1): 34-57.

[114] Wang H, Wang L & Li J. The effect of social network in social entrepreneurship: An empirical Chinese case study[J]. International Conference on Wireless, 2007: 4213-4216.

[115] Zadek S & Thake S. Send in the social entrepreneurs[J]. New Statesman, 1997: 26, 31.

[116] 达夫特. 组织理论与设计精要[M]. 李维安, 等译. 北京: 机械工业出版社, 1999.

[117] 科特勒, 凯勒. 营销管理[M]. 13版. 王永贵, 于洪彦, 何佳讯, 等译. 上海: 上海人民出版社, 2009.

[118] 科特勒, 罗伯特. 社会营销——变革公共行为的方略[M]. 俞利军, 译. 北京: 华夏出版社, 2003.

[119] 科特勒, 罗伯托, 李. 社会营销: 提高生活质量的方法[M]. 俞利君, 译. 北京: 中央编译出版社, 2006.

[120] 李衍儒, 江明修. 社会企业之发展经验与政策建议: 以美国, 英国, 中国香港与中国台湾为例[M]//王名. 中国非营利评论(第一卷). 北京: 社会科学文献出版社, 2001.

[121] 林海, 彭劲松, 严中华. 非营利组织向社会企业转型动因及风险规避研究[J]. 中国城市经济, 2010(9): 105-106.

[122] 汤蕴懿.在营利和公益之间的社会企业[J].上海经济,2010(9):30-32.

[123] 唐兴通.社会化媒体营销大趋势——策略与方法[M].北京:清华大学出版社,2011.

[124] 王世强."社会企业"概念解析[J].武汉科技大学学报(社会科学版),2012(5):495-500.

[125] 王世强.社会企业的官方定义及其认定标准[J].社团管理研究,2012(6):38-41.

[126] 王世强.社会企业的立法及其法律形式[J].广西青年干部学院学报,2012(3):66-71.

[127] 严中华,杨丽,杜海东.美英公益企业发展的比较研究及其思考[J].技术经济与管理研究,2008(2):36-38.

[128] 严中华.社会创业[M].北京:清华大学出版社,2008.

[129] 尹亚坤.非营利组织社会企业化与第三部门创新发展[J].学理论,2013(1):8-10.

[130] 余晓敏,丁开杰.社会企业发展路径:国际比较及中国经验[J].中国行政管理,2011(8):61-65.

[131] 赵莉,严中华.国外社会企业理论研究综述[J].理论月刊,2009(6):154-157.

[132] 赵莉,严中华.英国促进社会企业发展的策略研究及启示.特区经济,2009(3):94-95.

[133] 郑胜分,王致雅.台湾社会企业的发展经验[M]//王名.中国非营利评论(第六卷),北京:社会科学文献出版社,2010.

[134] 周丽丽,王忠武.论非营利组织社会企业化的转型条件与模式选择[J].天津社会科学,2011(2):90-94.